职业教育改革创新示范教材

Qiche Weihu
汽车维护
（第 2 版）

向志伟　朱　岸　主　编
朱胜平　程　宽　副主编

人民交通出版社股份有限公司
China Communications Press Co.,Ltd.

内容提要

本书是职业教育改革创新示范教材之一,主要内容包括汽车维护基础、典型维护作业、二级维护作业前检测、整车维护和汽车维护竣工检验。

本书可作为中等职业学校汽车运用与维修专业、汽车制造与检修专业的教材,也可供汽车维修及相关技术人员参考阅读。

图书在版编目(CIP)数据

汽车维护/向志伟,朱岸主编. —2版. —北京:
人民交通出版社股份有限公司,2019.11
职业教育改革创新示范教材
ISBN 978-7-114-15776-9

Ⅰ.①汽… Ⅱ.①向… ②朱… Ⅲ.①汽车—车辆修理—职业教育—教材 Ⅳ.①U472

中国版本图书馆 CIP 数据核字(2019)第 178031 号

书　　名:汽车维护(第2版)
著　作　者:向志伟　朱　岸
责任编辑:戴慧莉
责任校对:刘　芹
责任印制:张　凯
出版发行:人民交通出版社股份有限公司
地　　址:(100011)北京市朝阳区安定门外外馆斜街3号
网　　址:http://www.ccpress.com.cn
销售电话:(010)59757973
总　经　销:人民交通出版社股份有限公司发行部
经　　销:各地新华书店
印　　刷:北京市密东印刷有限公司
开　　本:787×1092　1/16
印　　张:15.75
字　　数:357千
版　　次:2012年8月　第1版
　　　　　2019年11月　第2版
印　　次:2019年11月　第2版　第1次印刷　总第3次印刷
书　　号:ISBN 978-7-114-15776-9
定　　价:39.00元

(有印刷、装订质量问题的图书由本公司负责调换)

职业教育改革创新示范教材编委会

（排名不分先后）

主　　任：曹剑波（武汉市交通学校）

副 主 任：龚福明（武汉交通职业学院）

　　　　　曾　鑫（武汉软件工程职业学院）

　　　　　田哲文（武汉理工大学）

　　　　　许小兰（荆州市创业职业中等专业学校）

　　　　　周广春（武汉市交通学校）

委　　员：张宏立　何本琼　向志伟　杨　泽　张生强　罗　琼

　　　　　马生贵　蔡明清　易建红　向忠国　朱胜平　程　宽

　　　　　彭小晴　江　薇　杨　猛　易昌盛

　　　　　李和平（武汉市交通学校）

　　　　　董　蓉　杨晓炳　涂金林　杨寒蕊　何孝伟　张继芳

　　　　　覃绣锦　陈士旭　李　刚　汤进球　吕　晗

　　　　　胡　琼（荆州市创业职业中等专业学校）

　　　　　董劲松（武汉市第三职教中心）

　　　　　孟范辉　弓建海　李　奇　许家忠

　　　　　魏　超（张家口机械工业学校）

　　　　　朱　岸（武汉市机电工程学校）

　　　　　高元伟（辽宁省交通高等专科学校）

　　　　　雷小平（武汉市第二轻工业学校）

　　　　　李　丹（湖北科技职业学院）

第2版前言 / FOREWORD

本套"职业教育改革创新示范教材",自2012年首次出版以来,多次重印,被全国多所中等职业院校选为汽车运用与维修专业教学用书,受到了广大师生的好评。

为了体现现代职业教育理念,贴近汽车运用与维修专业实际教学目标,促进"教、学、做"更好地结合,突出对学生技能的培养,使之成为技能型人才,2018年8月,人民交通出版社股份有限公司吸收教材使用院校的意见和建议,组织相关老师,经过认真充分研究和讨论,确定了修订方案,对本套教材进行了修订。

根据教学需求,本套教材将第一版的12个品种进行整合,形成第2版的10个品种,其中将《汽车发动机机械维修》与《汽车发动机电控系统维修》整合为《汽车发动机构造与维修》,《汽车传动系统维修》《汽车制动系统维修》《汽车行驶系统与转向系统维修》整合为《汽车底盘构造与维修》,《汽车车身维修技术》拆分为《汽车车身及附属设备》与《汽车钣金维修》,《汽车涂装工艺》与《汽车涂装工艺工作页》合并为《汽车涂装工艺》。教材修订后,在结构和内容上与教学内容更加吻合,更注重对学生实践能力的培养。

《汽车维护》的修订工作,沿用本书第1版的体例,以汽车维护实际工作任务为导向,按"认知+技能+能力+实战"的理论——实践一体化教学规律进行编排,内容系统、连贯、完整,实操配以大量图片,具有较强的实用性。以现代汽车维护的"清洁、检查、紧固、调整、润滑、补给"六大维护作业为主线,以科鲁兹轿车为例,采用图文并茂的方式,详细讲述了汽车定期维护和非定期维护的作业项目、操作要领和技术要求等内容。同时,相关知识点配有二维码,扫码可观看数字资源。

本书由武汉市交通学校向志伟、武汉市机电工程学校朱岸担任主编,由武汉市交通学校朱胜平、程宽担任副主编。编写分工如下:向志伟编写学习任务一至学习任务四；朱岸编写学习任务五和学习任务六；武汉市交通学校黄江尧编写学习任务七和学习任务十，张家口机械工业学校孟范辉编写学习任务八；张家口机械工业学校李奇编写学习任务九；张家口机械工业学校弓建海编写学习任务十一至学习任务十五；朱胜平、程宽完成了全书图片的拍摄和处理。全书由向志伟统稿，陈默校核。

限于编者水平，书中难免有疏漏和错误之处，恳请广大读者提出宝贵建议，以便进一步修改和完善。

职业教育改革创新示范教材编委会
2019年2月

目录 / CONTENTS

项目一　汽车维护基础

学习任务一　认识汽车周期维护的目的和意义 …………………… 2
学习任务二　认识汽车维护作业内容 …………………………… 9
学习任务三　维护作业前准备工作 ……………………………… 19

项目二　典型维护作业

学习任务四　发动机维护 ………………………………………… 26
　子任务1　更换机油及机油滤清器 …………………………… 26
　子任务2　清洁或更换空气滤清器 …………………………… 39
　子任务3　更换燃油滤清器 …………………………………… 45
　子任务4　检查与更换发动机冷却液 ………………………… 51
　子任务5　检查与更换火花塞 ………………………………… 59
　子任务6　检查或更换发动机传动带 ………………………… 65
学习任务五　制动系统维护 ……………………………………… 72
　子任务1　检查或更换制动液 ………………………………… 72
　子任务2　检查制动操纵机构 ………………………………… 79
　子任务3　拆检鼓式制动器 …………………………………… 87
　子任务4　拆检盘式制动器 …………………………………… 94
　子任务5　检查或调节驻车制动器 …………………………… 108
学习任务六　行驶系统维护 ……………………………………… 117
　子任务1　检查车轮或车轮换位 ……………………………… 117
　子任务2　悬架检查与调整 …………………………………… 126

学习任务七　转向系统维护 …… 133
学习任务八　传动系统维护 …… 141
　　子任务1　检查与调整离合器 …… 141
　　子任务2　检查与更换变速器油 …… 148
　　子任务3　检查传动轴护套及同类零部件 …… 155
学习任务九　电气系统维护 …… 162
　　子任务1　检查与更换蓄电池 …… 162
　　子任务2　检查汽车照明与信号系统 …… 170
　　子任务3　检查刮水器及风窗玻璃清洗器 …… 179
学习任务十　其他维护 …… 187
　　子任务1　检查车门及附件 …… 187
　　子任务2　检查座椅和安全带 …… 194
　　子任务3　清洗车辆 …… 202

项目三　二级维护作业前检测

学习任务十一　检查汽车电控系统故障 …… 208
学习任务十二　检测汽车尾气排放性能 …… 214

项目四　整车维护

学习任务十三　雪佛兰科鲁兹轿车二级维护 …… 224
学习任务十四　丰田卡罗拉轿车整车维护 …… 232

项目五　汽车维护竣工检验

学习任务十五　二级维护竣工检验 …… 238
参考文献 …… 243

项目一

汽车维护基础

本项目主要包含三个学习任务，主要对汽车维护概念、目的、意义、分类、作业内容、周期、作业安全、作业前的准备工作等进行详细讲述。

项目一　汽车维护基础

学习任务一
认识汽车周期维护的目的和意义

学习目标

完成本任务学习后,你应该掌握5个知识点:
1. 汽车维护定义;
2. 汽车维护类型;
3. 汽车维护意义;
4. 确定汽车维护周期的依据;
5. 维护提示。

 建议完成本任务的时间为2课时。

 学习任务

案例1:在网上看到这样一条消息:一位女车主的宝马车行驶5万km,一直未做维护,最后这辆BMW320i的发动机被损毁得一塌糊涂,里面的机油都放不出来。

案例2:车主赵小姐是个汽车维护知识盲,她经常会收到经销商发送的维护信息,新车才行驶8000km,机油和机油滤清器已更换过三次,维护间隔里程3000km都不到,总共花费近2000元。有一次偶然和朋友聊起爱车的维护,朋友告诉她被经销商欺骗了,完全没有必要这么频繁的进行车辆的维护。

案例1中消息的真实性未予考证,但是,在日常生活中除了长期不换机油这类看似不可思议的事还不少,尤其是新手车主,追其原因主要是车主根本不知道什么是汽车维护,汽车为什么需要进行维护;案例2中的车主与案例1中的车主形成了截然相反的对比,那么到底什么时候进行汽车维护呢?

请你列举上述类似的事例,通过学习"收集资料"为车主解释"汽车为什么一定要定期维护""什么时候进行维护"。

一、资料收集

引导问题1 什么是汽车维护？

汽车维护是为维持汽车完好技术状况或工作能力而进行的作业[①]。

日常生活中常说的汽车维护是指汽车运行中的维护，也即由传统的汽车维护作业演化而来的。强调对汽车进行预防性的各种维护，是一种快捷、优质、高效的汽车服务，包括清洁作业、润滑油检查及更换、技术调整(包括检查作业、紧固作业和调整作业)。

引导问题2 汽车维护有哪些类型？

汽车维护有日常维护、一级维护和二级维护[②]。

日常维护是以清洁、补给和安全性能检视为中心内容的维护作业。

一级维护是除日常维护作业外，以润滑、紧固为作业中心内容，并检查有关制动、操纵等系统中的安全部件的维护作业。

二级维护是除一级维护作业外，以检查、调整制动系统、转向操纵系统、悬架等安全部件，并拆检轮胎，进行轮胎换位，检查调整发动机工作状况和汽车排放相关系统等为主的维护作业。

引导问题3 汽车为什么需要进行周期维护？

汽车在使用或闲置的过程中，均会发生有形磨损(物质磨损或物质消耗)和无形磨损(精神损耗或经济损失)。

有形磨损是指汽车在运转使用过程中，作相互运动的零部件的表面，因摩擦面产生各种复杂的变化，使表面磨损和形态改变，例如汽缸内壁和曲轴轴承的磨损，如图1-1所示；由于物理、化学的原因引起零部件疲劳、腐蚀和老化等；汽车在闲置过程中，由于自然力的作用而锈蚀，或由于保管不善、缺乏必要的维护措施而使其遭受有形磨损，随着时间的延长，腐蚀面和深度不断扩大、加深，造成精度和功能自然丧失，甚至因锈蚀严重而报废。

大量的试验与使用实践表明，零部件的磨损具有一定规律，一般可分为初驶磨合、正常磨损和极限磨损三个阶段，如图1-2所示。初驶磨合阶段磨损快且量大，该阶段磨损强度取决于零件表面质量、润滑条件或载荷情况，表面粗糙度或载荷越大，磨损量越大；正常磨损阶段磨损量增长缓慢，且大多数零件的磨损量与工作时间呈线性关系，磨损强度主要

[①] GB/T 5624—2005《汽车维修术语》。
[②] GB/T 18344—2016《汽车维护、检测、诊断技术规范》。

受使用条件和技术维护的好坏关系影响,使用维护得好,可延长零件使用寿命;极限磨损阶段磨损强度急剧增大,零部件配合间隙急剧变大破坏了正常润滑条件,使磨损情况进入恶性循环,所以使用到 B 点时,应采取调整、维修和更换润滑油等预防措施来防止事故或故障的发生。

图 1-1　汽缸内壁和曲轴轴承磨损

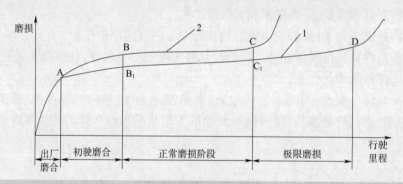

图 1-2　零部件磨损规律

在汽车零件中,并不是所有零件都有磨合期和极限磨损期。如密封件(油封)、燃油泵的精密偶件等,它们呈现不能继续使用的不合格情况,并不是因为在它们使用末期出现极限磨损,而是由于它们的磨损量已影响不能完成自身功能的限度。

其他一些元件,例如电器导线、蓄电池、各种油管、油箱等,它们实际上没有初始工作磨损较快阶段。

可见,在初驶磨合阶段应增强磨合、走合的维护,以减少零件早期磨损,延长零件使用寿命(图中 $A-B_1-C_1-D$ 段);在正常磨损阶段,应正确使用汽车,定期维护,适时维修,减少零件磨损;当零件使用到一定时间(图中 B 点)应进行调整、维修或更换润滑油等有关的零件,以提高汽车完好率。

另外,"基于风险的维修理论"提出基于风险的维修方法可以减少总的风险,对高风险零部件的检查常常采用高频率和全面检查,并给予全面的维护,以保证可以接受的风险界限。

综上所述,汽车在使用过程中,随着行驶里程的增加以及各种环境因素的影响,各零件会发生磨损,油液也会发生变质和消耗,使汽车的动力性、经济性和可靠性逐渐变差。所以,为了延缓汽车技术状况和工作能力下降的速度,需要定期检查易出现故障的零部件,及时更换或补充易损和易耗件。但是有些损耗和早期故障在使用过程中不容易发现和感觉到,用户必须通过定期到汽车维修服务企业,按标准和规范的检查手段对车辆进行维护和检查,可以及时更换易损、易耗件,发现和消除早期的故障隐患,防止故障的发生或损坏的扩大,恢复车辆的性能指标,提高车辆的完好率,有效地延长汽车的使用寿命。

引导问题4　如何确定汽车维护的周期?

什么时候进行汽车维护,这个时间并非随意确定,而是基于汽车有形磨损理论,即以汽车经过一段时间使用而产生故障或技术性能下降规律为依据而确定,业内常用汽车维护周期来表示。

汽车维护不仅是汽车维修技师的事情,车主或者驾驶人也需要对车辆进行维护,虽然绝大部分车主并不能胜任专业的汽车维护作业,但是可以完成汽车在使用过程中的观察与检查,以便及时发现问题,预防事故发生,这类的维护作业又称日常维护。

日常维护一般分成三个阶段,分别是出车前、行车中和收车后。

汽车维护涉及比较专业的操作必须由汽车维修企业的维修技师进行操作,这类维护作业有两个级别,分别是一级维护和二级维护。汽车一、二级维护周期应以汽车行驶里程为基本依据,对于不便于用行驶里程统计、考核的汽车,可用时间间隔确定一、二级维护的周期。一、二级定期维护的间隔没有统一的规定,主要是依据车辆使用说明书的有关规定确定,同时依据汽车使用条件的不同,制定不同的规则规定维护的周期。采用时间间隔来确定维护周期时,需要依据汽车使用强度和条件的不同,参照汽车一、二级维护行驶里程周期确定。

在确定汽车一、二级维护周期时,应注意以下几个原则。

(1)将汽车制造厂的车辆使用说明书中的有关维护周期的规定作为制定汽车维护周期的重要参考依据。

(2)根据汽车使用环境和状况调整车辆维护周期。汽车的使用条件包括汽车运行地区的地理环境、气候、风沙条件,以及汽车的运行强度(包括负荷大小、运行速度、运行频率)和燃、润料的品质等。汽车生产厂推荐的车辆维护周期,只限于一般的使用条件。

汽车在苛刻条件(牵引拖车或挂车、多尘路面行驶、车外温度低于0℃短距离往复行驶、发动机经常处于怠速状况或低速行驶很长距离、车辆长期闲置)下行驶时,汽车维护的周期应缩短,一般取正常维护周期的一半。

(3)结合在用车排放治理情况适当调整维护周期。经研究,经过维护后的汽车排放明显下降。现在,各地排放要求日益严格,环境保护意识逐渐加强,为了使车辆达到排放标准,保护环境,就必须保持车辆在优化的状态下运行,所以需要根据车辆的排放情况对维护周期进行适当缩减调整。

综合来看,除了要做好汽车的日常维护之外,还需要按期到汽车维修企业对汽车进行一、二级维护,维护周期可根据实际的用车需求、环境和厂商建议的周期综合考虑确定。但是在对车辆进行维护时,并不是维护周期越短越好,过短的维护周期会额外增加车主的负担,同时还会给车辆带来一些负面的影响,甚至影响车辆的使用寿命。例如过于频繁的清洗车辆,会导致车辆漆面失去光泽,额外添加一些添加剂到发动机中,极有可能引起发动机的故障等。

为了提高汽车行驶的安全性能和可靠性能,延长汽车的使用寿命,同时电子控制技术在汽车上的不断运用,汽车制造商在汽车上装备了汽车维护提示警示灯,主要有机油寿命提示灯(图1-3)、检查提示灯(图1-4)两种类型。其目的是提示汽车驾驶人和维修人员,需要定期进行汽车的维护,而每次完成维护后需要对警示灯进行归零或复位。

图1-3　机油寿命提示图　　　　　　图1-4　维修检查提示

引导问题5 汽车未按时维护有哪些影响?

在生活中,有部分车主没有充分意识到汽车维护的重要性,甚至不知道汽车需要维护,主要产生的影响有以下几个方面。

消费者追求眼前利益和不重视及时维护会造成的车辆故障量上升,威胁行车安全。2013年,国家质检总局发布并正式实施的《家用汽车产品修理、更换、退货责任规定》明文规定:在家用汽车产品包修期和三包有效期内"因消费者未按照使用说明书要求正确使用、维护、修理产品而造成损坏的",经营者对所涉及产品质量问题,可以不承担三包责任。消费者要保护自己合法权益,就必须执行汽车生产企业的维护规范,按时进行汽车维护。

二、实 施 作 业

(1)模拟情景,为客户解释汽车为什么需要定期进行维护。
要求:
①能正确地理解磨损规律曲线。
②能准确表达未正常维护的后果。
③语言表达流畅自然。
(2)查阅资料,请你总结当下主流车型维护周期,车型之间的周期差别原因。

要求:
①列出至少10种车型的维护周期。
②使用图表进行统计分析。
(3)对实训车辆进行维护提示灯归零操作。
要求:
①会查阅维修手册;
②会对常见车型进行归零操作。

 三、评 价 反 馈

根据实际操作情况评价,填写表1-1。

二级维护竣工检验作业考核表　　　　　　　　　表1-1

日期		操作时间		考评人	
工作过程评价					
完成上述三个任务,时间为40min,完成工作过程记录,考核结束后,进行情景会话					
序号	考核项目	评分指标	配分	评分标准	得分
1	为客户解释定期维护意义	(1)能运用磨损规律进行讲解; (2)能准确表达未正常维护的后果; (3)语言表达流畅	35	(1)语言表达清晰得5分,视情酌减; (2)应用磨损规律正确得15分,视情酌减; (3)对未正常维护后果表达清楚得15分,视情酌减	
2	维护周期	(1)会查询资料; (2)列出10种车型的维护周期	25	(1)维护周期准确,错1处扣5分; (2)进行图表统计分析得10分	
3	维护提示归零	(1)会查询维修手册; (2)会对维护提示进行归零	30	(1)针对实训车型准确查阅维修手册得10分; (2)会结合维修手册进行维护提示归零,每错一处扣5分	
4	情景问答	提出2个与本学习任务有关的问题	10	每题5分,酌情扣分	
	总计		100		
评语					

四、学习拓展

1 选择题

(1)《汽车维护、检测、诊断技术规范》(GB/T 18344—2016)中规定汽车维护的类型有( )。

　　A. 日常维护　　B. 季节性维护　　C. 一级维护　　D. 二级维护

(2) 汽车维护周期确定依据主要有( )。

　　A. 运行环境　　B. 里程　　C. 时间　　D. 季节

2 判断题

(1) 二级维护是除一级维护作业外,以检查、调整制动系统、转向操纵系统、悬架等安全部件,并拆检轮胎,进行轮胎换位,检查调整发动机工作状况和汽车排放相关系统等为主的维护作业。( )

(2) 消费者未按照使用说明书要求正确使用、维护、修理产品,而造成损坏的,经营者对所涉及产品质量问题,可以不承担三包责任。( )

(3) 所有车都装备有维护提示。( )

3 简答题

(1) 简述汽车未按期进行维护可能导致的后果。

(2) 一辆科鲁兹轿车行驶15101km,使用时间为18个月,最近一次维护是4个月前,维护时行驶里程为10090km,请问该车现在需要进行维护吗？若需要,应当进行哪个级别的维护？

学习任务二

认识汽车维护作业内容

学习目标

完成本任务学习后,你应该掌握3个知识点:
1. 日常维护作业内容;
2. 一级维护作业内容;
3. 二级维护作业内容。

 建议完成本任务的时间为2课时。

 学习任务

案例1: 杨女士还像以往一样驾车上班,但是刚行驶一段路就被邻居陈大爷叫停,并告诉她汽车的轮胎没气了。杨小姐下车一看,确实右前轮没气了,只好请人帮忙换上了备胎,才驾车上班。

案例2: 小王刚到某4S店实习,师傅让他跟着其他的小组成员为客户的车辆做二级维护,但是他却不知道从何下手,只好在旁边给师兄们打下手,边做边学。

分析案例,理清案例中杨小姐和小王出现上述情况的原因。通过学习"收集资料",弄清楚各级别的维护作业内容。

一、资料收集

《汽车维护、检测、诊断技术规范》(GB/T 18344—2016)涵盖了所有汽车维修最基础的技术规范,对汽车维护周期、维护作业内容和竣工检验标准等做出了明确的规定,且对汽车维修原则做了适当调整,为"定期检测、周期维护、视情修理"。

汽车维护不仅仅是汽车维修人员的工作,也是汽车驾驶人使用汽车必须掌握的内容。汽车驾驶人完成汽车的日常维护,汽车维修人员完成汽车的一级维护和二级维护。

引导问题1 日常维护做些什么？

日常维护是日常作业,是保证车辆各部分清洁和润滑,各总成、部件工作正常,尤其是要掌握车辆安全部件的技术状况的经常性、必需性的工作;是发挥车辆效率、减少行车事故、节约维修成本、降低能源消耗和延长车辆使用寿命的重要环节。

日常维护主要作业内容是清洁、补给和安全检视,具体要求做到车容整洁,工作介质(燃油、润滑油、动力传动液、冷却液及制动液等)充足,密封良好无泄漏,附件齐全无松动,制动可靠,转向灵敏,灯光喇叭等工作正常。有出车前、行车中、收车后这三个重要环节,具体维护内容及技术要求参见表2-1。

日常维护作业项目及技术要求 表2-1

序号	作业项目	作业内容	技术要求	维护周期
1	车辆外观及附属设施	检查、清洁车身	车身外观及客车车厢内部整洁,车窗玻璃齐全、完好	出车前或收车后
		检查后视镜,调整后视镜角度	后视镜完好、无损毁,视野良好	出车前
		检查灭火器、客车安全锤	灭火器配备数量及放置位置符合规定,且在有效期内。客车安全锤配备数量及放置位置符合规定	出车前或收车后
		检查安全带	安全带固定可靠、功能有效	出车前或收车后
		检查风窗玻璃刮水器	刮水器各挡位工作正常	出车前
2	发动机	检查发动机润滑油、冷却液液面高度,视情补给	油(液)面高度符合规定	出车前
3	制动	制动系统自检	自检正常,无制动报警灯闪亮	出车前
		检查制动液液面高度,视情补给	液面高度符合规定	出车前
		检查行车制动、驻车制动	行车制动、驻车制动功能正常	出车前
4	车轮及轮胎	检查轮胎外观、气压	轮胎表面无破裂、凸起、异物刺入及异常磨损,轮胎气压符合规定	出车前、行车中
		检查车轮螺栓、螺母	齐全完好,无松动	
5	照明、信号指示装置及仪表	检查前照灯	前照灯完好、有效,表面清洁,远近光变换正常	出车前
		检查信号指示装置	转向灯、制动灯、示廓灯、危险报警灯、雾灯、喇叭、标志灯及反射器等信号指示装置完好有效,表面清洁	出车前、行车中
		检查仪表	工作正常	

引导问题2 一级维护做些什么？

一级维护由专业维修厂维修人员负责执行。其主要内容除日常维护工作外，以清洁、润滑、紧固为主，并检查有关制动、操纵等安全部件，具体作业项目和技术要求参见表2-2。

一级维护基本作业项目及技术要求　　　　　表2-2

序号	作业项目		作业内容	技术要求
1	发动机	空气滤清器、机油滤清器和燃油滤清器	清洁或更换	按规定的里程或时间清洁或更换滤清器。滤清器应清洁，衬垫无残缺，滤芯无破损。滤清器安装牢固，密封良好
2		发动机润滑油及冷却液	检查油（液）面高度，视情更换	按规定的里程或时间更换润滑油、冷却液，油（液）面高度符合规定
3	转向系统	部件连接	检查、校紧万向节、横直拉杆、球头销和转向节等部位连接螺栓、螺母	各部件连接可靠
4		转向器润滑油及转向助力油	检查油面高度，视情更换	按规定的里程或时间更换转向器润滑油及转向助力油，油面高度符合规定
5	制动系统	制动管路、制动阀及接头	检查制动管路、制动阀及接头，校紧接头	制动管路、制动阀固定可靠，接头紧固，无漏气（油）现象
6		缓速器	检查、校紧缓速器连接螺栓、螺母，检查定子与转子间隙，清洁缓速器	缓速器连接紧固，定子与转子间隙符合规定，缓速器外表、定子与转子清洁，各插接件与接头连接可靠
7		储气筒	检查储气筒	无积水及油污
8		制动液	检查液面高度，视情更换	按规定的里程或时间更换制动液，液面高度符合规定
9	传动系统	各连接部位	检查、校紧变速器、传动轴、驱动桥壳、传动轴支撑等部位连接螺栓、螺母	各部位连接可靠，密封良好
10		变速器、主减速器和差速器	清洁通气孔	通气孔通畅
11	车轮	车轮及半轴的螺栓、螺母	校紧车轮及半轴的螺栓、螺母	拧紧力矩符合规定
12		轮辋及压条挡圈	检查轮辋及压条挡圈	轮辋及压条挡圈无裂损及变形
13	其他	蓄电池	检查蓄电池	液面高度符合规定，通气孔畅通，电桩、夹头清洁、牢固，免维护蓄电池电量状况指示正常
14		防护装置	检查侧防护装置及后防护装置，校紧螺栓、螺母	完好有效，安装牢固
15		全车润滑	检查、润滑各润滑点	润滑嘴齐全有效，润滑良好。各润滑点防尘罩齐全完好。集中润滑装置工作正常，密封良好
16		整车密封	检查泄漏情况	全车不漏油、不漏液、不漏气

引导问题3 二级维护做些什么？

二级维护由专业维修人员负责执行，主要包含进厂检测、基本作业、过程检验和竣工检验，操作流程如图 2-1 所示。

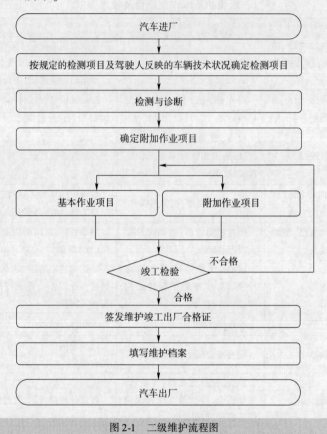

图 2-1 二级维护流程图

1 进厂检测

进厂检测包含规定的检测项目和根据驾驶人反映的车辆技术状况确定的检测项目，其中规定的检测项目有：故障诊断（OBD 故障信息）、行车制动性能和尾气排放物含量。

2 基本作业

车辆维修资料中与本标准规定的二级维护基本作业项目相同的部分，依据本标准中相对应的条款执行；车辆维修资料中与本标准规定的二级维护基本作业项目不同的部分，依据车辆维修资料的有关条款执行。车辆维修资料中有特殊维护要求的系统、总成和装置（如免维护蓄电池、免维护轮毂等），其维护作业项目执行车辆维修资料规定，具体作业项目和技术要求参见表 2-3。

二级维护基本作业项目及技术要求　　　　　　　　　　表 2-3

序号	作业项目		作业内容	技术要求
1	发动机	发动机工作状况	检查发动机起动性能和柴油发动机停机装置	起动性能良好，停机装置功能有效
			检查发动机运转情况	低、中、高速运转稳定，无异响
2		发动机排放机外净化装置	检查发动机排放机外净化装置	外观无损坏，安装牢固
3		燃油蒸发控制装置	检查外观，检查装置是否畅通，视情更换	炭罐及管路外观无损坏、密封良好、连接可靠，装置畅通无堵塞
4		曲轴箱通风装置	检查外观，检查装置是否畅通，视情更换	管路及阀体外观无损坏、密封良好、连接可靠，装置畅通无堵塞
5		增压器、中冷器	检查、清洁中冷器和增压器	中冷器散热片清洁，管路无老化，连接可靠，密封良好。增压器运转正常，无异响，无渗漏
6		发电机、起动机	检查、清洁发电机和起动机	发电机和起动机外表清洁，导线接头无松动，运转无异响，工作正常
7		发动机传动带（链）	检查空气压缩机、水泵、发电机、空调机组和正时传动带（链）磨损及老化程度，视情调整传动带（链）松紧度	按规定里程或时间更换传动带（链）。传动带（链）无裂痕和过量磨损，表面无油污，松紧度符合规定
8		冷却装置	检查散热器、水箱及管路密封	散热器、水箱及管路固定可靠，无变形、堵塞、破损及渗漏。箱盖接合表面良好，胶垫不老化
			检查水泵和节温器工作状况	水泵不漏水、无异响，节温器工作正常
9		火花塞、高压线	检查火花塞间隙、积炭和烧蚀情况，按规定里程或时间更换火花塞	无积炭，无严重烧蚀现象，电极间隙符合规定
			检查高压线外观及连接情况，按规定里程或时间更换高压线	高压线外观无破损，连接可靠
10		进、排气歧管、消声器、排气管	检查进、排气歧管、消声器、排气管	外观无破损，无裂痕，消声器功能良好无油污、无灰尘，隔热层密封良好
11		发动机总成	清洁发动机外部，检查隔热层，校紧连接螺栓、螺母	油底壳、发动机支撑、水泵、空气压缩机、涡轮增压器、进排气歧管、消声器、排气管、输油泵和喷油泵等部位连接可靠
12	制动系统	储气筒、干燥器	检查、紧固储气筒，检查干燥器功能，按规定里程或时间更换干燥剂	储气筒安装牢固，密封良好。干燥器功能正常，排水阀通畅
13		制动踏板	检查、调整制动踏板自由行程	制动踏板自由行程符合规定
14		驻车制动	检查驻车制动性能，调整操纵机构	功能正常，操纵机构齐全完好、灵活有效
15		防抱死制动装置	检查连接线路，清洁轮速传感器	各连接线及插接件无松动，轮速传感器清洁
16		鼓式制动器	检查制动间隙调整装置	功能正常
			拆卸制动鼓、轮毂、制动蹄，清洁轴承位、轴承、支承销和制动底板等零件	清洁，无油污，轮毂通气孔畅通

续上表

序号	作业项目		作业内容	技术要求
16	制动系统	鼓式制动器	检查制动底板、制动凸轮轴	制动底板安装牢固、无变形、无裂损。凸轮轴转动灵活,无卡滞和松旷现象
			检查轮毂内外轴承	滚柱保持架无断裂,滚柱无缺损、脱落,轴承内外圈无裂损和烧蚀
			检查制动摩擦片、制动蹄及支承销	摩擦片表面无油污、裂损,厚度符合规定。制动蹄无裂纹及明显变形,铆接可靠,铆钉沉入深度符合规定。支承销无过量磨损,与制动蹄轴承孔衬套配合无明显松旷
			检查制动蹄复位弹簧	复位弹簧不得有扭曲、钩环损坏、弹性损失和自由长度改变等现象
			检查轮毂、制动鼓	轮毂无裂损,制动鼓无裂痕、沟槽、油污及明显变形
			装复制动鼓、轮毂、制动蹄、调整轮毂轴承松紧度、调整制动间隙	润滑轴承,轴承位涂抹润滑脂后再装轴承。装复制动蹄时,轴承孔均应涂抹润滑脂,开口销或卡簧固定可靠。制动摩擦片与制动鼓摩擦面应清洁,无油污。制动摩擦片与制动鼓配合间隙符合规定。轮毂转动灵活且无轴向间隙。锁紧螺母、半轴螺母及车轮螺母齐全,拧紧力矩符合规定
17		盘式制动器	检查制动摩擦片和制动盘磨损量	制动摩擦片和制动盘磨损量应在标记规定或制造商要求的范围内,其摩擦工作面不得有油污、裂纹、失圆和沟槽等损伤
			检查制动摩擦片与制动盘间的间隙	制动摩擦片与制动盘之间的转动间隙符合规定
			检查密封件	密封件无裂纹或损坏
			检查制动钳	制动钳安装牢固、无油液泄漏。制动钳导向销无裂纹或损坏
18	转向系统	转向器和转向传动机构	检查转向器和转向传动机构	转向轻便、灵活,转向无卡滞现象,锁止、限位功能正常
			检查部件技术状况	转向节臂、转向器摇臂及横直拉杆无变形、裂纹和拼焊现象,球销无裂纹、不松旷,转向器无裂损、无漏油现象
19		转向盘最大自由转动量	检查、调整转向盘最大自由转动量	最高设计车速不小于100km/h的车辆,其转向盘的最大自由转动量不大于15°,其他车辆不大于25°
20	行驶系统	车轮及轮胎	检查轮胎规格型号	轮胎规格型号符合规定,同轴轮胎的规格和花纹应相同,公路客车(客运班车)、旅游客车、校车和危险货物运输车的所有车轮及其他车辆的转向轮不得装用翻新轮胎

续上表

序号	作业项目		作业内容	技术要求
20	行驶系统	车轮及轮胎	检查轮胎外观	轮胎的胎冠、胎壁不得有长度超过25mm或深度足以暴露出帘布层的破裂和割伤以及凸起、异物刺入等影响使用的缺陷。具有磨损标志的轮胎,胎冠的磨损不得触及磨损标志;无磨损标志或标志不清的轮胎,乘用车和挂车胎冠花纹深度应不小于1.6mm,其他车辆的转向轮的胎冠花纹深度应不小于3.2mm,其余轮胎胎冠花纹深度应不小于1.6mm
			轮胎换位	根据轮胎磨损情况或相关规定,视情进行轮胎换位
21		悬架	检查、调整车轮前束	车轮前束值符合规定
			检查悬架弹性元件,校紧连接螺栓、螺母	空气弹簧无泄漏、外观无损伤。钢板弹簧无断片、缺片、移位和变形,各部件连接可靠,U形螺栓螺母拧紧力矩符合规定
			减振器	减振器稳固有效,无漏油现象,橡胶垫无松动、变形及分层
22		车桥	检查车桥、车桥与悬架之间的拉杆和导杆	车桥无变形、表面无裂痕、油脂无泄漏,车桥与悬架之间的拉杆和导杆无松旷、移位和变形
23	传动系统	离合器	检查离合器工作状况	离合器接合平稳,分离彻底,操作轻便,无异响、打滑、抖动及沉重等现象
			检查、调整离合器踏板自由行程	离合器踏板自由行程符合规定
24		变速器、主减速器、差速器	检查、调整变速器、主减速器、差速器	变速器操纵轻便,挡位自锁与互锁准确,无异响、打滑及乱挡等异常现象,主减速器、差速器工作无异响
			检查差速器润滑油质量及液面高度,视情更换	按规定的里程或时间更换润滑油,液面高度符合规定
25		传动轴	检查防尘罩	防尘罩无裂痕、损坏,卡箍连接可靠,支架无松动
			检查传动轴及万向节	传动轴无弯曲,运转无异响。传动轴及万向节无裂损、不松旷
			检查传动轴承及支架	轴承无松旷,支架无缺损和变形
26	灯光导线	前照灯	检查远光灯发光强度,检查、调整前照灯光束照射位置	符合GB 7258规定
27		线束及导线	检查发动机舱及其他可视的线束及导线	插接件无松动、接触良好。导线布置整齐、固定牢靠,绝缘层无老化、破损,导线无外露。导线与蓄电池桩头连接牢固,并有绝缘套

续上表

序号	作业项目	作业内容	技术要求
28	车架和车身	检查车架和车身	车架和车身无变形、断裂及开焊现象,连接可靠,车身周正。发动机罩锁扣锁紧有效。车厢铰链完好,锁扣锁紧可靠,固定集装箱箱体、货物的锁止机构工作正常
		检查车门、车窗启闭和锁止	车门和车窗应启闭正常,锁止可靠。客车动力启闭车门的车内应急开关及安全顶窗机件齐全、完好有效
29	车架车身 支撑装置	检查、润滑支撑装置,校紧连接螺栓、螺母	完好有效,润滑良好,安装牢固
30	牵引车与挂车连接装置	检查牵引销及其连接装置	牵引销安装牢固,无损伤、裂纹等缺陷,牵引销颈部磨损量符合规定
		检查、润滑牵引座及牵引销锁止、释放机构,校紧连接螺栓、螺母	牵引座表面油脂均匀,安装牢固,牵引销锁止、释放机构工作可靠
		检查转盘与转盘架	转盘与转盘架贴合面无松旷、偏歪。转盘与牵引连接部件连接牢靠,转盘连接螺栓应紧固,定位销无松旷、无磨损,转盘润滑良好
		检查牵引钩	牵引钩无裂纹及损伤,锁止、释放机构工作可靠

汽车二级维护附加作业项目的确定,根据检测结果进行汽车故障诊断,确定以消除汽车故障为目的的二级维护附加作业项目和作业内容,恢复汽车的正常技术状况。附加作业项目确定后,与基本作业项目一并进行二级维护作业。在实际生产过程中,比较常见的故障检测手段是使用故障诊断仪读取故障码。

3 过程检验

二级维护过程中,要始终贯穿过程检验,并作检验记录。过程检验中各维护项目的技术要求,需满足相应的有关技术标准或出厂说明书的有关规定。

4 竣工检验

二级维护作业完成后需要进行竣工检验,相关内容参见表2-3。

二、实 施 作 业

一辆雪铁龙C4L轿车行驶了52000km,需要进行维护,请你就上述作业内容与表2-4中的作业表进行对比,分析异同。

要求:
(1)能正确填写维护级别。
(2)对比上述"维护作业项目及技术要求表",在表2-4中将相同的作业项目打"√"。

表 2-4

维护作业表

东风雪铁龙

定期维护

所有类型的汽油和双燃料车

4CN

☐ 2006 1/2年型之后

☐ *维护间隔10000km或每1年(TU3JP/K，TU5JP/K)
☐ **维护间隔5000km或每1年(TU3AF，TU5JP4，EW10J4，ES9A)，使用10W-40或5W-40机油
☐ *维护间隔15000km或每1年(EW10A)，使用10W-40或5W-40机油
☐ *维护间隔15000km或每1年(EW12A)，使用5W-30机油

维护类型：_____ km

标准操作 5W-30 10W-40 5W-40 其他

操作

■ 更换
- 发动机机油
- 机油滤清器
- 空气滤清器滤芯(TU3JP/K，TU5JP/K)
- 检查以下液面高度，必要时添加：
  - 冷却液(包括检查浓度)
  - 风窗玻璃洗涤液
  - 制动液
  - 动力转向液
- 检查
  - 离合器踏板的自由行程和状况
  - 管路系统 — 发动机和变速器壳体的密封和状况
  - 传动轴，球销、拉杆和铰接板连接件和转向
  - 牙嵌防尘罩状况
  - 排气管和排气接头的密封和状况
  - 前后减振器 — 车身底部状况
  - 轮胎磨损状况，轮胎气体压力和轮毂螺母拧紧力矩
    - 前 左 ___ 右 ___ mm   左 ___ 右 ___ % 备胎 ___ %
    - 后 左 ___ 右 ___ mm
  - 三角信号牌和警告灯
  - 照明灯，信号灯和喇叭
  - 刮水器的状况
  - 蓄电池的状况
  - 火花塞检查(C5，EW10A)
  - 制动片磨损，包括制动盘的检查
  - 前制动片 左 ___ 右 ___ mm
  - 后制动片磨损，包括制动盘的检查(依车型而定)
  - 后制动片 左 ___ 右 ___ mm
  - 后制动蹄 左 ___ 右 ___ mm
- 清洁
  - 曲轴箱通风管，油气分离器，油气集油罐(依车型而定)
  - 进气压力传感器集油罐(依车型而定)
  - 座舱空气过滤器滤芯(依车型而定)
- 路试：维护提示器的操作
- 读数：自诊断内存

▲ 阶段性：一般操作   经常性：一般操作

一般操作 每30000km
操作

▲ 更换
- 空气滤清器滤芯(依车型而定)
- 座舱空气过滤器滤芯(ES9A车型除外)
- 火花塞
■ 检查
  - 气门间隙
  - 轮胎，球销、拉杆和铰接板的间隙
  - 离合器踏板的自由行程和状况
  - 附件传动带张力和状况
  - 拉车制动器制动力
  - 后制动鼓检查，包括制动蹄 左 ___ 右 ___ mm
    - 制动鼓 左 ___ 右 ___ mm
  - 拆下车轮检查 — 制动蹄 左 ___ 右 ___ mm
    - 制动鼓 左 ___ 右 ___ mm
▲ 更换
  - 火花塞(ES9A车型) 每60000km

正时传动带
操作

▲ 更换
  - 正时传动带 每80000km(TU3JP/K，TU5JP/K)
    - 每90000km(TU3AF，TU5JP4，EW10A，EW12A)
    - 每180000km(ES9A)

根据使用年限
操作

● 测试
  - 怠速和尾气排放 每1年
▲ 更换
  - 冷却液(第1年检查含水率) 每2年
  - 制动液(第1年检查含水率) 每2年
  - 预紧紧安全带和安全气囊 每10年
○ 根据厂商的建议进行额外增加的操作

所有类型的汽油和双燃料车

专门的操作
操作

所有车辆
▲ 更换
- 汽油滤清器 每40000km或45000km(依车型而定)

CNG和LPG车型
■ 检查
  - 每5000km或7500km(依车型而定)
    - 管路的密封和状况
  - 供气系统各部件松动状况
  - 每15000km(热机状况下)
    - 急速、入值、系统工作参数
■ 清洁
  - 每45000km(依车型而定)
    - 喷嘴
▲ 更换
  - 每1年或10万km(出租车)(依车型而定)
  - 每2年或6万km非出租车(依车型而定)
    - 低压气管组件

本人确认：

车辆识别号为LDG□□□□□□□□□□□□□□□□□□的

(车辆牌照号)车辆进行了维护。

维护操作人员签名：_____ 日期：_____

* 正常使用条件下的定期维护间隔里程或时间，在恶劣使用条件下，建议相应缩短50%。

编号：BD-015-03/12/09
用户联

认识汽车维护作业内容

三、评价反馈

根据实际操作情况评价，填写表2-5。

维护作业内容考核表　　　　　　　　　　　　　　　　　表2-5

日期		操作时间		考评人		
工作过程评价						
完成上述任务，操作时间为30min，完成工作过程记录，考核结束后，进行情景会话						
序号	考核项目	评分指标	配分	评分标准		得分
1	填写维护作业表	(1)能正确识别维护级别； (2)能对照标准填写维护作业表	90	(1)维护级别识别准确得10分； (2)维护作业表中填写错1处扣5分		
2	情景问答	提出2个与本学习任务有关的问题	10	每题5分，酌情扣分		
3	时间	(1)操作时间为30min； (2)小结时间不计算操作时间	—	每超时1min扣2分		
总计			100			
评语						

四、学习拓展

1 选择题

(1) 二级维护作业中，发动机需要进行(　　)作业项目。

　　A. 更换机油　　B. 更换燃油滤清器　　C. 更换冷却液　　D. 更换制动液

(2) 一级维护作业中，底盘需要进行(　　)作业项目。

　　A. 制动系统拆检　　　　　　　　B. 检查轮胎气压

　　C. 更换制动液　　　　　　　　　D. 检查制动液液面高度

(3) 日常维护作业需要在(　　)时候进行。

　　A. 行车中　　　B. 停车后　　　C. 出车前

2 判断题

(1) 附加作业也属于二级维护的范畴。　　　　　　　　　　　　　　　　(　　)

(2) 二级维护作业完成后必须进行竣工检测。　　　　　　　　　　　　　(　　)

(3) 二级维护作业前必须进行检测。　　　　　　　　　　　　　　　　　(　　)

3 简答题

(1) 查阅资料，列出有关汽车维修的国家标准。

(2) 简述汽车维修原则"定期检测、周期维护、视情修理"的含义。

学习任务三

维护作业前准备工作

学习目标

完成本任务学习后,你应该掌握3个知识点:
1. 维护操作安全注意事项;
2. 现场管理5S的含义;
3. 维护作业前场地、工具和备件准备。

 建议完成本任务的时间为 2 课时。

 学习任务

安全生产是所有企业的基本准则,是保护劳动者的安全、健康和国家财产,促进社会生产力发展的基本保证,也是保证社会主义经济发展的基本条件。在汽车维护过程中有哪些安全注意事项?

当服务顾问与客户沟通完毕之后,会根据客户的需求对维修人员下达"委托维修派工单",维修工即可根据派工单的维修内容进行车辆的维修,在展开维护作业前,需要进行哪些准备工作呢?

一、资料收集

引导问题1 维护作业过程中有哪些安全注意事项?

在汽车维护作业中,应严格遵守操作规程,避免违规操作产生的事故,同时还需执行以下安全事项。

1 防止火灾

俗话说,水火无情,如果不小心发生火灾,不仅会造成财物损失,还有可能危及人的生命安全,所以在生产车间一定要多加防范,预防火灾发生。在汽车维修车间预防火灾主要注意以下几点:

(1)禁止在作业区域吸烟,特别是作业时或在有汽油等易燃物存储区域的附近,更不能使用明火。

(2)吸满汽油或机油的碎布应当放置到带盖的金属容器内以防自燃。

(3)仅在必要时才将燃油或清洗溶剂携带到车间,携带时还要使用能够密封的特制容器。

(4)不要将可燃性废机油和汽油丢弃到阴沟里,因为它们可能导致污水管系统产生火灾。

2 防止触电

不要私自处理断裂或摇晃的电线;不要用湿手接触任何电气设备;拔下插头时,不要拉电线,而应当拉插头本身;不要让电缆通过潮湿或浸有油的地方、炽热的表面,或者尖角附近。

3 防止人身伤害

作业要穿工作服和戴工作帽,并将头发收在帽里;不戴手表手链,胸前无装饰物;各种工具应放在规定处,不要将衣服口袋作工具袋,以防摔跤或撞击时造成人体伤害。

必须使用规定的工具或设备拆装零部件,以避免发生人体伤害事故;作业完毕后,应清理工具,并保证发动机及其他运动部位无杂物,以防机械和人体损伤。

使用产生碎片的工具前,戴好护目镜。使用砂轮机和钻孔机一类的工具后,要清除其上的粉尘和碎片。

操作旋转的工具或者工作在一个有旋转运动的地方时,不要戴手套,手套可能被旋转的物体卷入,伤到你的手。

4 防止车辆设备损伤

进行作业前,必须掌握安全规定,注意观察并读懂车上车下的各类警示标识,按照规范进行操作。在车下作业时,一定要用安全支架;接地的车轮一定要塞三角木,并使用驻车制动器固定车辆。

用升降机升起车辆时,初步提升到轮胎稍微离开地面为止。然后,在完全升起之前,确认车辆牢固地支撑在升降机上。升起后,千万不要试图摇晃车辆,因为这样可能导致车辆跌落,造成严重伤害。

> **引导问题2** 如何保持车间环境整洁、有序,实现轻松、快捷和可靠(安全)工作?

要保持车间环境整洁、有序,实现轻松、快捷和可靠(安全)工作就必须对在生产现场中的人员、机器、材料、方法等生产要素进行有效管理,5S活动是一种公认对现场进行管理的有效手段,即在生产中坚持开展以整理(Seiri)、整顿(Seiton)、清扫(Seiso)、清洁(Seiketsu)和素养(SoYou)为内容的活动。

1 整理

整理即区分要与不要的物品,现场只保留必需的物品。通过整理可以改善和增加作业面积;保持现场无杂物,场地通畅,提高工作效率;减少磕碰的机会,保障安全,提高质量;消除管理上的混放、混料等差错事故;有利于减少库存量,节约资金;改变作风,提高工作情绪。

2 整顿

整顿即将必需品依规定定位、定方法摆放整齐有序,明确标示,可以避免浪费时间寻找物品,提高工作效率和产品质量,保障生产安全。

3 清扫

清扫即清除现场内的脏污、清除作业区域的物料垃圾,可以保持现场干净、明亮。

4 清洁

清洁是将整理、整顿、清扫实施的做法制度化、规范化,维持其成果,用于维护并坚持整理、整顿、清扫的效果,使其保持最佳状态,消除发生安全事故的根源。创造一个良好的工作环境,使职工能愉快地工作。

5 素养

素养就是要人人按章操作、依规行事,养成良好的习惯,可以提升"人的品质",培养对任何工作都讲究认真的人。通过素养的培养,使人员养成严格遵守规章制度的习惯和作风,是5S活动的核心。

引导问题3 ▶ 维护作业前场地、设备和备件需做哪些准备?

1 场地准备

一般情况下,维修企业有特定的维护工位或者共用机电维修工位,该工位一般需要长8m、宽5m。工位上主要的设备有车辆举升设备——举升机,配备了工具车,零件车(架),操作台等,还须提供220V电源、照明灯、高压气源等,如图3-1所示。

该工位比较常见的举升机有两种,分别是双柱式举升机和剪式举升机。剪式举升机使用安

图3-1 汽车维护作业场地

全,占地面积小,可以深埋地下,不占用操作空间,在维修企业中多用于快速维护工位;双柱举升机由于其支撑点较小,不影响底部的维修,多用于维修工位。

工具车中主要存放了常用的工具、量具和常用的专用工具等,零件车主要用于存放备件以及拆卸下来的零部件。

2 备件准备

维修工可凭派工单领取维护所需的备件。

3 单据准备

维修工需要检查维护作业所需的各种单据,如:维护作业记录表。

4 车辆准备

(1)维修工驾驶车辆,安全停放到维护工位(图3-2),拉紧驻车制动器操纵杆(图3-3),挂P挡(自动变速器车辆)或空挡(手动变速器车辆)(图3-4)。

图3-2 引导车辆进入维护工位

图3-3 拉紧驻车制动器操纵杆

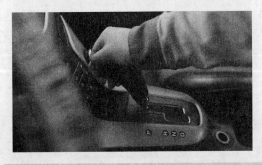

图3-4 挂P挡或空挡

(2)安装车轮挡块到两个后轮处,沿轮胎外延安装并卡好,如图3-5所示。

(3)将4个举升垫块分别安装到车辆底部4个支撑点,确认安全后举升车辆至举升垫块刚好受力即停,检查举升垫块安装位置是否正确,如图3-6所示。

思考:如何确定车辆的4个举升点?

图 3-5　安装车轮挡块

图 3-6　安装举升垫块

二、实施作业

(1) 熟悉场地和清点工具。
要求:将工具进行分类清点,做好记录。
(2) 规范使用举升机举升车辆。
要求:
① 举升点正确。
② 举升后确认锁止。
③ 举升高度符合要求。

三、评价反馈

根据实际操作情况评价,填写表 3-1。

车辆举升作业考核表　　　　　　　　　　　　　　表 3-1

日期		操作时间		考评人		
工作过程评价							
完成上述任务,操作时间为 10min,完成工作过程记录,考核结束后,进行情景会话							
序号	考核项目	评分指标	配分	评分标准	得分
1	熟悉场地	能正确认识各种工具、量具	30	准确认识各种工具、量具,错 1 处扣 5 分	
2	举升车辆	(1) 能正确放置举升垫块; (2) 能正确举升车辆; (3) 能正确锁止举升机	40	(1) 举升垫块放置错误,1 处扣 5 分; (2) 举升高度正确得 10 分; (3) 正确锁止举升机得 10 分	
3	5S	(1) 工作场地始终保持干净; (2) 工具始终干净,摆放整齐; (3) 所有物品恢复原状	10	每次错误扣 2 分,扣完为止	

续上表

序号	考核项目	评分指标	配分	评分标准	得分
4	安全文明生产	(1)遵守安全操作规程,正确使用工具; (2)无任何人身伤害和设备的损坏	10	不文明或野蛮操作,每次扣5分,扣完为止,情节严重者停止操作,违规操作发生重大事故,此项记0分	
5	情景问答	提出2个与本学习任务有关的问题	10	每题5分,酌情扣分	
6	时间	(1)操作时间为10min; (2)小结时间不计算操作时间	—	每超时1min扣2分	
		总计	100		
评语					

四、学习拓展

1 选择题

(1)适合进行汽车维护的举升机的类型有( )。
　　A.小型剪式举升机　　　　　　　B.双柱式举升机
　　C.子母剪式举升机　　　　　　　D.四柱式举升机

(2)5S活动是一项什么样的工作?( )
　　A.暂时性　　　B.流行的　　　C.持久的　　　D.时尚的

(3)关于危险操作下面哪种说法是正确的?( )
　　A.不戴手套操作钻具
　　B.在正在充电的蓄电池附近使用电焊机
　　C.当车轮稍微离开地面时通过晃动车辆来鉴定汽车是否正确地固定在举升器上
　　D.在由刚性齿条支撑的汽车下工作

2 判断题

(1)5S活动是一种持之以恒的项目,不能坚持的话,则5S活动难以成功,若能脚踏实地加以改善的话,则5S活动将逐见功效。　　　　　　　　　　　　　　　( )

(2)不要弃置任何部件、工具、修理手册或工作数据,应该把它们保存在某个地方。
　　　　　　　　　　　　　　　　　　　　　　　　　　　　　　　　　　( )

(3)保持维修接待区整洁有序是为了给客户一个好印象。客户看不到的工作车间没有必要保持干净。　　　　　　　　　　　　　　　　　　　　　　　　　　( )

3 简答题

画图说明剪式举升机和柱式举升机锁止机构锁止原理,并解释在每个举升位均需要锁止后方能进行操作的理由。

项目二

典型维护作业

本项目主要介绍汽车维护的典型作业任务,分别是发动机维护、制动系统维护、行驶系统维护、转向系统维护、传动系统维护、电气系统维护和其他系统维护。每个任务由若干个子任务构成。

项目二 典型维护作业

学习任务四

发动机维护

发动机维护任务共有6个子任务,包括滤清器更换、油液检查和更换、火花塞和传动带的更换等,主要围绕滤清器结构、原理和失效原因,油液的规格型号、选用和失效原因,火花塞和传动带失效原因等进行阐述和分析,以科鲁兹轿车(2013款)为例进行清洁、检查和更换作业示范,对特殊和具有个性的作业结合其他车型进行简要介绍。

子任务1 更换机油及机油滤清器

学习目标

完成本任务学习后,你应该掌握2个知识点和1个技能点:
1. 机油的类型和选用标准;
2. 机油和机油滤清器更换周期和工艺流程;
3. 会进行机油和机油滤清器的更换。

 建议完成本任务的时间为4课时。

 学习任务

一辆雪佛兰科鲁兹轿车(2013款),行驶了9900km,仪表显示机油寿命为5%,需更换机油及机油滤清器。

请你通过学习和训练,完成机油和机油滤清器的更换。

一、资料收集

引导问题 1 发动机润滑系统的作用是什么？由哪些部分组成？

润滑系统的功用就是在发动机工作时连续不断地把数量足够、温度适当的洁净机油输送到全部传动件的摩擦表面，并在摩擦表面之间形成油膜，实现液体摩擦。从而减小摩擦阻力、降低功率消耗、减轻机件磨损，以达到提高发动机工作可靠性和耐久性的目的。

发动机润滑系统由机油泵、机油滤清器、机油冷却器、集滤器和机油油道等组成，如图 4-1 所示。为使驾驶人能随时掌握润滑系统的工作状况，有些发动机还设有指示机油压力的机油压力表（图 4-2）或机油压力报警灯（图 4-3），有的还备有机油温度表。

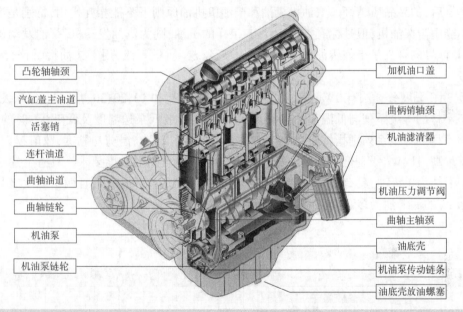

图 4-1 发动机润滑系统结构

图 4-2 机油压力表

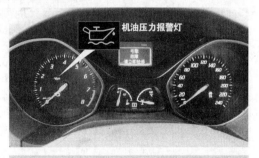

图 4-3 机油压力报警灯

引导问题2　机油的作用是什么？有哪些类型？

机油是润滑系统的液态工作介质。其作用是润滑、冷却、密封、清洗和防锈抗腐蚀。

机油是在以精制的矿物油、合成油为基础油中加入金属清净剂、无灰分散剂、抗氧抗腐剂、黏度指数改进剂、降凝剂、抗泡剂、缓蚀剂等各类添加剂而制成的，其品种、规格是按照基础油的性能和各种添加剂所含数量来划分，国内主要按照质量和黏度进行分类，是参照美国石油协会（API）和美国汽车工程师协会（SAE）相应的分类标准来制定的。随着欧洲合资车型的发展，采用欧洲汽车制造商协会（ACEA）的分类标准，在此基础上许多汽车生产商还制定了相应的企业标准。

按 API 质量分级法，汽油机油分为 SC、SD、SE、SF、SG、SH、SL、SM、SN；柴油机油分为 CD、CD-Ⅱ、CE、CF-4（带"4"的适合涡轮增压柴油发动机）、CG-4、CH-4、CI-4、CJ-4 和 CK-4，等级越靠后，油品品质越好。汽油机机油和柴油机机油原则下不能相互代用，特别是汽油机机油不能用于柴油机，但是标有类似 SN/CF 字样的机油，则为汽油发动机、柴油发动机两用机油，其标号的含义是指该机油用于汽油机时符合 SN 质量等级，用于柴油机时符合 CF 质量等级。

按 SAE 黏度分类法有 0W、5W、10W、15W、20W、25W 和 10、20、30、40、50、60 等级别，带有"W"字样的等级系列与低温起动有关，着重于机油的最低泵送温度及低于 0℃时的黏度，无"W"字样的等级系列则指标是在 100℃时的运动黏度以及高温剪切黏度，数值越大，黏度指标就越高，且"W"级别低的润滑油符合任何"W"级别较高的黏度要求。具有上述一种特性的润滑油为单级油，具有含"W"的低温黏度级和 100℃运动黏度级，且两个黏度级号相差至少为 15 的润滑油为多级油，如图 4-4 所示。

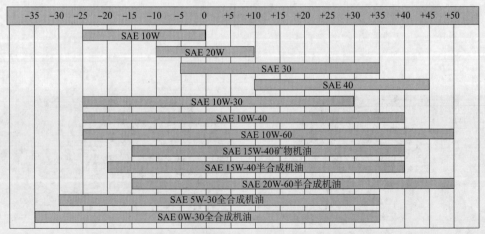

图 4-4　SAE 机油黏度等级与环境温度对应示意图

由于欧洲在发动机设计、车辆行驶条件及政府对节能和环境保护等政策方面，与美国有显著差别，因此这种差别也反映在欧洲汽车制造商对发动机润滑油性能的关注重点及程度也不相同。欧洲汽车工业十分注意节能，把汽车燃料经济性放在首位，兼顾动力性和排放性能。ACEA 欧洲润滑油分类标准（最新的 2016 版）将润滑油分为 3 个系类，见表 4-1。

ACEA 欧洲润滑油分类表　　　　　　　　　　　表 4-1

系 列	适 用 范 围	级 别
A/B	用于汽油和轻型柴油发动机	A1/B1、A3/B3、A3/B4、A5/B5
C	用于配置有后处理系统的汽油和轻型柴油发动机	C1、C2、C3、C4
E	用于重型柴油发动机	E4、E6、E7、E9

引导问题 3　如何选择机油牌号？

选择合适的机油是保证发动机正常工作、延长使用寿命的重要条件，机油的选择要兼顾使用性能级别和黏度级别，首先，根据发动机的结构特点和要求确定合适的使用性能级别，然后，再根据发动机使用的外部环境温度，选择合适的黏度等级，其次，选用时尽可能选择正规厂家产品，不可与其他品牌润滑油混用。

机油使用性能级别的确定主要根据发动机的结构特征、工作条件和燃油品质来选择，一般可参照说明书的规定（图 4-5）或者在发动机舱也有标签说明（图 4-6），可采用更高性能级别的润滑油，但不能降低级别。

C 部分：推荐的油液及润滑油

用　途	液体/润滑剂
发动机机油	符合 dexos™ 规格的专用发动机机油。可通过 dexos™ 认证标志识别符合此规格的机油。寻找并使用显示有 dexos™ 认证标志且黏度等级正确的发动机机油。 或者符合通用汽车 GM6094M 标准并经美国石油学会（API）的认证，粘度等级为 SAE 5W-30 的发动机机油
发动机机油（适用于 Turbo 发动机）	符合 dexos™ 规格的专用发动机机油。可通过 dexos™ 认证标志识别符合此规格的机油。寻找并使用显示有 dexos™ 认证标志且粘度等级正确的发动机机油。 或者符合通用汽车 GM4718M 标准并经美国石油学会（API）的认证，粘度等级为 SAE 5W-30 的发动机机油
燃油清洁添加剂	GM 零件号：8886
发动机冷却液	DEX-COOL
液压制动系统	DOT-4
挡风玻璃清洗溶剂	上海通用汽车挡风玻璃清洗液
自动变速器油液	DEXTRON Ⅵ®
手动变速器油液	EDS-M 8049 BOT402（适用于带有 Turbo 发动机的车辆）
钥匙锁芯油	多用途润滑剂 Superlube® 牌
发动机罩及车门铰链	多用途润滑剂 Superlube® 牌
后折叠式座椅、加油口活门铰链和举升门铰链	多用途润滑剂 Superlube® 牌

黏度等级为 SAE 5W—30 的发动机润滑油

图 4-5　《维修手册》内页说明

图4-6 发动机舱铭牌说明

　　机油的黏度级别主要依据气温、工况和机油的技术状况。一般应选择黏温特性好、黏度指数高的多级油,减少因气温变化带来更换机油的麻烦。在南方气温较高,重负荷、工况恶劣的汽车应选择黏度较大的润滑油;在北方气温较低,应选择黏度低的润滑油。新发动机应选择黏度较小的润滑油,磨损严重的发动机应选择黏度较大的润滑油,保证发动机低温易于起动,高温之后能维持足够的黏度保证正常润滑。

引导问题4 为什么需要定期更换机油?

　　机油在使用过程中,由于在工作环境下造成的氧化,各种添加剂的自然消耗,燃烧产物的不利影响,外部尘埃不良成分的混入,部件磨损后的金属颗粒物掺入等各种原因,使机油的质量随着时间的推移而逐渐恶化。机油劣化变质后,会出现沉积物增多,润滑性能下降,致使零件出现非正常腐蚀和磨损,这也正是对其定期更换的根本原因。

引导问题5 何时更换机油?

　　机油的质量关系机油使用时间的长短,不仅与其使用性能相关,而且还与其技术状况,以及发动机的维护质量密切相关。因此,为减缓机油变质的时限,使其尽可能在一个良好的质量指标下较长时间的工作,延缓其换油期,选用车型指定机油或品牌机油,是保证或提高其使用质量,延缓换油周期的较佳措施。

　　机油的换油期限应适宜,过早会造成机油浪费,过迟又会增大发动机磨损,缩短发动机维修周期和使用期限。一般应按照汽车使用说明书上规定的期限换油。

1 定期换油

　　机油性能的下降和质量的劣化,尤其机油成分之间发生的化学变化,主要取决于使用时间的影响。定期换油就是按行驶里程或使用时间换油,换油期依据机油使用性能变化的影响规律来确定。换油期与机油使用性能级别、机油技术状况和运行条件有关。

2 按质换油

此原则是依据对能够反映在用机油质量的一些有代表性理化指标的测试评定,来作出是否换油的决定,在用机油有其中一项指标达到换油指标时就应更换新油。

3 在油质监控下的定期换油

这种方法在规定了机油换油期的同时,也监测在用油的综合指标,必要时可提前报废。

对在用机油换油期的确定,目前国内外多采用第一种准则。这主要是因为汽车已成为一种非常普遍的交通工具,拥有量大。而每辆汽车的机油用量很少,油样化验费用高,定期换油较为经济。目前,各车型汽车机油换油周期多为5000~10000km不等,各主机厂均有明确规定(图4-7)。

A部分：定期维护服务

维护计划

正常条件
正常驾驶条件指在典型日常驾驶条件下驾驶。按一般维护计划维护车辆。
○：检查这些项目及其相关零件。如有必要,清洁、补充、调节或更换。
●：更换。

维护操作	按月数①	6	12	18	24
	km（×1000）①	10	20	30	40
与排放相关的项目					
传动带	每10年/150000km更换				
检查发动机机油液面高度	每3000km/1个月检查				
更换发动机机油和机油滤清器	每5000km/6个月更换				
更换燃油滤清器		○	●	○	●
检查燃油管路和连接		○	○	○	○
添加燃油添加剂（适用于还有Turbo发动机的车辆）	参见附注②				

① 以先到者为准。
② 对于使用Turbo发动机的车辆,建议用户在每次添加燃油时,向油箱中添加一瓶燃油添加剂。在此间隔内可视发动机工作状况相应添加,但无须频繁添加。

图4-7 《科鲁兹维护手册》机油与机油滤清器检查与更换周期

引导问题6 机油滤清器的作用是什么？有哪些类型？

发动机工作过程中,金属磨屑、尘土、高温下被氧化的积炭和胶状沉淀物、水等不断混入机油中。机油滤清器的作用就是过滤掉这些杂质和胶质,保持机油的清洁,延长其使用寿命。现代轿车上普遍只设有集滤器和一个全流式机油滤清器(串联于机油泵和主油道之间)(图4-8),而从结构上和材质上主要有纸质分体式滤清器(图4-9a)和金属整体式滤清器(图4-9b)。

机油滤清器工作原理

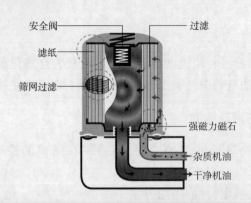

图4-8　全流式机油滤清器原理示意图

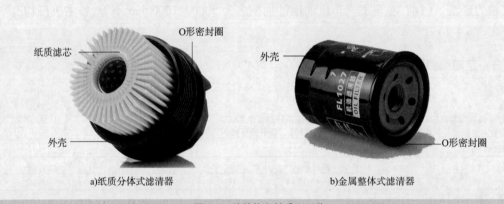

a)纸质分体式滤清器　　　　b)金属整体式滤清器

图4-9　从结构和材质上区分

引导问题7　机油滤清器拆卸专用工具有哪些？

机油滤清器拆卸专用工具主要有帽式滤清器扳手、钳式滤清器扳手、带式滤清器扳手和两用滤清器扳手等，如图4-10所示。

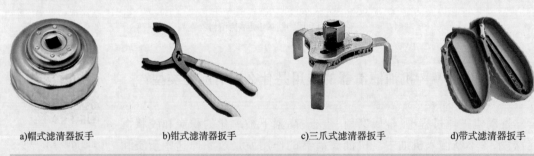

a)帽式滤清器扳手　　b)钳式滤清器扳手　　c)三爪式滤清器扳手　　d)带式滤清器扳手

图4-10　机油滤清器拆卸专业工具

帽式滤清器扳手需要配合棘轮扳手使用，适合特定车型；钳式滤清器扳手主要用于拆卸顽固、难以拆卸的滤清器；带式滤清器扳手适合狭窄空间使用。

引导问题 8 　　如何更换发动机机油和机油滤清器？

1 准备工作

更换发动机机油

（1）领取备件：发动机机油、机油滤清器、放油螺塞垫片。

（2）拉发动机舱盖释放杆（驾驶人侧左下角），打开发动机舱盖，如图 4-11 所示。

图 4-11　打开发动机舱盖

（3）安装翼子板布和前格栅布，如图 4-12 所示。

安装翼子板布　　　　　　　　　　　安装前格栅布

图 4-12　安装翼子板布和前格栅布

（4）起动发动机，暖机到正常工作温度，停机 5min。

2 检查机油液面高度

（1）取出机油尺擦拭干净，插入直至机油尺手柄限止位，然后取出机油尺两面查看，读取发动机机油液面高度，正常值在机油尺下端 MAX 至 MIN 刻线之间。部分发动机会发生机油稀释的现象，机油尺上会有机油稀释限位，该发动机机油液位应在低位和机油稀释限位之间，如图 4-13 所示。

思考：为什么需要两面查看机油尺上的油迹线？

（2）插入直至机油尺手柄限止位，转动半圈。

 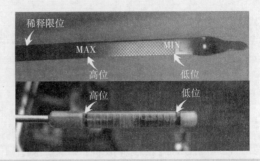

图4-13　发动机机油液面高度

3 更换发动机机油及机油滤清器

（1）确保安全的前提下举升车辆至最高位置并锁止,如图4-14所示。

（2）拆下机油排放螺塞,排放发动机机油至油液回收机中（图4-15）,直至机油呈滴状流出。

图4-14　举升车辆至高位　　　　　　　图4-15　排放机油

（3）清洁放油螺塞螺纹和油底壳的螺纹,将新垫片（O形密封圈）（图4-16）安装到放油螺塞上,将放油螺塞安装到油底壳上并紧固至14N·m,如图4-17所示。

图4-16　更换O形密封圈　　　　　　　图4-17　安装并紧固放油螺塞

（4）确保安全的前提下降下车辆至地面。

（5）将一个油盘置于机油滤清器下方的地面上。

（6）拆下分体式机油滤清器（图4-18）,并分解机油滤清器盖和纸质滤芯,拆下机油滤清器盖密封圈,如图4-19所示。

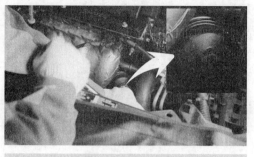
图4-18 拆卸机油滤清器

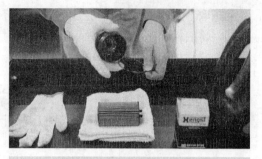
图4-19 分解机油滤清器

(7)给机油滤清器密封圈涂上新发动机机油,组装纸质滤芯和滤清器壳(图4-20),将机油滤清器安装至滤清器座上并紧固至25N·m。切记不可过度拧紧机油滤清器盖,可能导致机油滤清器盖受损,从而导致漏油。

(8)加注新发动机机油4.5L,如图4-21所示。

图4-20 组装机油滤清器

图4-21 加注机油

思考:为什么加注机油时须将油壶平置?

(9)起动发动机并使其运转,直到机油压力控制指示灯熄灭。检查发动机机油液面高度是否正常,如图4-22所示。

(10)使用解码仪重置机油寿命至100%,如图4-23所示。

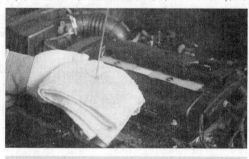
图4-22 机油液面高度检查

图4-23 重置机油寿命至100%

(11)起动动发动机运转,举升车辆,检查发动机机油滤清器及放油螺塞处是否有泄漏。

4 整理现场

(1)收回翼子板布、前格栅布和防护五件套,关闭发动机舱盖。

(2)取下车钥匙,收回驾驶舱防护套丢弃至分类垃圾桶,锁好车门。

(3)将旧件丢至分类垃圾桶或者包装好放在车主行李舱(工单备注需回收旧件)。

(4)清洁地面,将工具清洁并归回原位。

二、实施作业

更换发动机机油和机油滤清器。

要求:

(1)根据"学习资料"和查阅资料完成"更换发动机机油和机油滤清器工作任务书"(表4-2)的制定。

更换发动机机油和机油滤清器工作任务书　　　　表4-2

作业名称			作业时间		作业人	
作业条件							
工具		量具		设备		材料
工序及过程记录							
序号	作业项目			操作记录		数据记录	
1	准备工作	(1)车辆防护			
2		(2)发动机暖机			
3	机油检查	机油液面高度检查			
4	排放发动机机油	(1)松开机油滤清器			
5		(2)打开机油加注口盖			
6		(3)举升车辆			
7		(4)放好集油车,松开放油螺塞,排放机油			
8		(5)清洁放油螺塞及安装孔			
9		(6)换新的放油螺塞垫片,安装放油螺塞			
10	更换机油滤清器	(1)			
11		(2)			
12		(3)			
13		(4)			
14		(5)			
15		(6)收回集油车,降下车辆			
16	添加机油	(1)			
17		(2)			
18		(3)			
19	检查放油螺塞处是否有泄漏	(1)举升车辆至高位			
20		(2)			
21		(3)			

续上表

序号	作业项目		操作记录	数据记录
22	5S	(1)		
23		(2)		
小结：找出在操作过程中出现的问题，分析原因，提出解决措施				

（2）两人合作按照工艺完成实践操作，将作业过程和检查的数据进行记录，其中"操作记录"一栏对于完成的工序打"√"，"数据记录"一栏填写检查的数据或关键的数据，例如拧紧力矩、液面高度等。

三、评价反馈

根据实际操作情况评价，填写表4-3。

更换机油和机油滤清器作业考核表　　　　　　表4-3

日期		操作时间		考评人	
工作过程评价					
对车辆进行机油和机油滤清器更换，操作时间为15min，完成工作过程记录，考核结束后，进行情景会话					
序号	考核项目	评分指标	配分	评分标准	得分
1	作业前准备	工作任务书编制	10	未准备扣5分	
2	领取材料	(1)材料选择正确； (2)用量准确	5	每次错误扣1分	
3	举升机使用	(1)举升机支点安装正确； (2)举升高度合理	5	安装位置不正确扣5分，高度不合理扣3分	
	机油液面检查	(1)液面检查方法正确； (2)检查结果正确	2	每次错误扣2分，扣完为止	
	排放机油和更换机油滤清器	(1)正确使用工具进行拆卸和安装； (2)及时对O形密封圈进行润滑； (3)拧紧力矩正确	12	每次错误扣2分，扣完为止	
	机油加注	(1)加注方法正确，无洒漏； (2)加注量准确	2	每次错误扣2分，扣完为止	
	机油寿命重置	(1)仪器使用正确； (2)重置方法正确	4	每次错误扣2分，扣完为止	
4	步骤	步骤完整，没有遗漏，无逻辑错误	15	每次错误扣5分，扣完为止	
5	5S	(1)工作场地始终保持干净； (2)工具始终干净，摆放整齐； (3)所有物品恢复原状	5	每次错误扣2分，扣完为止	

续上表

序号	考核项目	评分指标	配分	评分标准	得分
6	安全文明生产	(1)遵守安全操作规程,正确使用工具; (2)无任何人身伤害和设备的损坏	10	不文明或野蛮操作,每次扣5分,扣完为止,情节严重者停止操作,违规操作发生重大事故,此项记0分	
7	情景问答	提出2个与本学习任务有关的问题	10	每题5分,酌情扣分	
8	任务书填写	(1)内容正确、完整; (2)字迹工整、清晰	10	每次错误扣1分,扣完为止	
9	时间	(1)操作时间为15min; (2)小结时间不计算操作时间	—	每超时1min扣2分	
10	小结	(1)总结全面,能分析错误原因; (2)不弄虚作假、抄袭,自行完成	10	(1)发现抄袭、弄虚作假,本项记0分; (2)结合实际内容酌情扣分	
	总计		100		
评语					

四、学习拓展

1 选择题

(1)下列哪项关于加注机油的描述是错误的。(　　)

　　A. 油的选择要根据维修手册提供的类型进行选择

　　B. 机油的加注量要根据维修手册进行加注

　　C. 加注机油的时候发动机要处于起动状态

　　D. 机油加好后,需要起动发动机一段时间后,再检查机油液位

(2)机油有哪些分类方式?(　　)

　　A. 按API质量分类　　B. 按SAE黏度分类　　C. 欧洲分类　　D. 日本分类

2 判断题

(1)用机油尺检查机油面高度时,应位于F以上或L以下。　　　　　　　　　　(　　)

(2)当检查发现机油液位不足时,不用立即添加,待下次更换机油时添加到位即可。(　　)

(3)"　"指示灯点亮说明机油压力过低。　　　　　　　　　　　　　　　　　(　　)

(4)发动机机油过多不仅会增加发动机功率损失,而且会产生烧排机油故障。　　(　　)

(5)补充发动机机油时要防止杂物进入注入口,油面高度可以超过F线。　　　　(　　)

(6)在进行发动机机油液位检查前,需要将发动机暖机。　　　　　　　　　　　(　　)

3 简答题

在排放发动机机油时,如何判断机油已经排放干净?

子任务 2　清洁或更换空气滤清器

学习目标

完成本任务学习后,你应该掌握 2 个知识点和 1 个技能点:
1. 空气滤清器的类型和选用;
2. 空气滤清器更换周期和工艺流程;
3. 会进行空气滤清器的清洁和更换。

 建议完成本任务的时间为 2 课时。

 学习任务

案例:陈女士到汽车维修店进行车辆维护,并与服务顾问提及该车起动困难,加速无力。据分析可能是空气滤清器堵塞所致,那么该如何清洁并更换空气滤清器?

请你通过学习和训练,完成空气滤清器的清洁和更换作业。

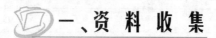

一、资 料 收 集

引导问题 1　空气滤清器的作用是什么?由哪些部分组成?

空气滤清器在发动机的作用就好比人体的呼吸系统,它可以把空气中的杂质和水分过滤掉,保证供给发动机运行足够量的洁净空气,减少发动机的磨损和确保空气流量计正常工作,另外还能够降低发动机吸入气体时的噪声。

现在汽车上使用的空气滤清器主要是干式滤清器,它利用过滤介质纤维所组成的致密的"筛子"对空气中的灰尘颗粒进行筛选,当然还有阻流、碰撞、布朗运动等过滤方式,达到过滤灰尘的作用,如图 4-24 所示。

空气滤清器一般由外壳、盖、滤芯及密封圈等组成,如图 4-25 所示。

图 4-24　空气滤清器作用和原理示意图

图 4-25　空气滤清器结构

引导问题2　为什么要定期清洁和更换空气滤清器？

空气滤清器使用一段时间后，灰尘会集聚在滤芯上，导致滤芯堵塞，进气效率下降，甚至会导致发动机进气量不足影响发动机工作效率，所以必须定期对空气滤清器进行清洁或更换。

空气滤清器的维护也不可过度，新空气滤清器会随着灰尘的积累，过滤效果会逐渐提高，不要被布满灰尘的外表所迷惑，频繁的清洁反而会影响过滤效果，也会提高发动机进入灰尘的风险；同时，空气滤清器的质量和清洁方法也会对过滤效果产生极大影响。

引导问题3　何时进行空气滤清器的清洁和更换？

对于在正常环境下运行的乘用车一般5000km或6个月清洁一次，15000km或2年更换一次，在多尘环境下应适当缩短清洁或更换的里程间隔，如图4-26所示。

维护操作	按月数	6	12	18	24
	km(×1000)	10	20	30	40
发动机空气滤清器滤芯		○	○	○	●③
火花塞		每60000km更换			
点火正时		○	○	○	○
气门间隙		每10年/150000km检查一次，必要时更换			
蒸发排放炭罐和蒸汽管路					○
PCV系统			○		○
一般项目					
冷却系统软管和连接		○	○	○	○
发动机冷却液①		○	○	○	○
正时传动带及传动带张紧轮		每10年/150000km更换			
空气滤清器滤芯(空调)			●③		●③
清洗冷却风扇		每5000km清洗一次②			
排气管和安装支架		○	○	○	○
制动器/离合器油液				●③	

①每24万km或5年更换。
②请送至上海通用汽车有限公司雪佛兰特约售后服务中心进行清洗。
③带圆点的为更换。

图4-26　科鲁兹维修手册空气滤清器等检查与更换周期

引导问题 4 如何进行空气滤清器的清洁和更换？

1 准备工作

(1) 领取备件：发动机空气滤清器。

拆卸空气滤清器总成

安装空气滤清器总成

(2) 拉发动机舱盖释放杆，打开发动机舱盖，安装翼子板布和前格栅布。

2 拆卸空气滤清器

(1) 断开进气传感器线束插头，如图 4-27 所示。

(2) 拆卸空气滤清器壳体。依次拆卸空气滤清器出气管、6 个空气滤清器壳体盖螺栓（部分车型使用卡扣，如图 4-28 所示）和空气滤清器壳体盖，将空气滤清器滤芯从空气滤清器壳体上拆下，如图 4-29 所示。

图 4-27　断开进气传感器线束插头

图 4-28　卡扣固定式壳体的拆卸

(3) 检查空气滤清器壳体、进气管道是否有破损或泄漏。

(4) 连接气枪，用小于 0.5MPa 的压缩空气清洁空气滤清器（从出气侧向进气侧吹气）、空气滤清器盒，如果脏污严重，则进行更换，如图 4-30 所示。

图 4-29　拆卸空气滤清器壳体

图 4-30　清洁空气滤芯

思考：为什么清洁空气滤清器的压缩空气压力必须低于 0.5MPa？且要从出气侧向进气侧吹气？

3 安装空气滤清器

(1)若需更换,则将新空气滤清器滤芯安装至空气滤清器壳体;若无需更换则将旧空气滤清器滤芯安装至空气滤清器壳体。

(2)依次安装空气滤清器壳体盖、6个空气滤清器壳体盖螺栓(紧固至5N·m)、安装空气滤清器出气管,如图4-31所示。

(3)连接进气传感器线束插头,如图4-32所示。

图4-31 安装空气滤清器壳体

图4-32 安装进气传感器线束插头

4 现场整理

(1)收回翼子板布、前格栅布和防护五件套,关闭发动机舱盖,锁好车门。

(2)将旧件丢至分类垃圾桶或者包装好放在车主行李舱(工单备注需回收旧件)。

(3)清洁地面,将工具清洁并归回原位。

二、实 施 作 业

清洁或更换空气滤清器。

要求:

(1)根据"学习资料"和查阅资料完成"清洁或更换空气滤清器工作任务书"(表4-4)的制定。

清洁或更换空气滤清器工作任务书　　　　表4-4

作业名称		作业时间		作业人	
作业条件					
工具		量具		设备	材料
工序及过程记录					
序号		作业项目		操作记录	数据记录
1	准备工作	(1)车辆驾驶舱防护			
2		(2)打开发动机舱盖			
3		(3)安装翼子板布和前格栅布			

续上表

序号	作业项目		操作记录	数据记录
4	拆卸空气滤清器	(1)		
5		(2)		
6		(3)		
7	清洁空气滤清器	(1)		
8		(2)		
9	安装(更换)空气滤清器	(1)		
10		(2)		
11	5S	(1)		
12		(2)		
13		(3)		
小结:找出在操作过程中出现的问题,分析原因,提出解决措施				

(2)两人合作按照工艺完成实践操作,将作业过程和检查的数据进行记录,其中"操作记录"一栏对于完成的工序打"√","数据记录"一栏填写检查的数据或关键的数据,例如拧紧力矩等。

三、评价反馈

根据实际操作情况评价,填写表4-5。

清洁或更换空气滤清器作业考核表　　　　表4-5

日期		操作时间		考评人	
工作过程评价					
对车辆进行空气滤清器清洁或更换,操作时间为10min,完成工作过程记录,考核结束后,进行情景会话					
序号	考核项目	评分指标	配分	评分标准	得分
1	作业前准备	工作任务书编制	10	未准备扣5分	
2	领取材料	(1)材料选择正确; (2)用量准确	5	每次错误扣1分	
3	拆卸空气滤清器	(1)工具选择正确; (2)在拆卸滤清器之前拆卸传感器	9	每次错误扣3分,扣完为止	
	清洁空气滤清器	(1)合理判断滤清器更换或清洁周期; (2)清洁方法正确; (3)清洁压缩空气压力调节合理	8	每次错误扣2分,扣完为止	
	安装空气滤清器	(1)安装紧固正确; (2)检查密封情况	8	每次错误扣2分,扣完为止	

续上表

序号	考核项目	评分指标	配分	评分标准	得分
4	步骤	步骤完整,没有遗漏,无逻辑错误	15	每次错误扣5分,扣完为止	
5	5S	(1)工作场地始终保持干净; (2)工具始终干净,摆放整齐; (3)所有物品恢复原状	5	每次错误扣2分,扣完为止	
6	安全文明生产	(1)遵守安全操作规程,正确使用工具; (2)无任何人身伤害和设备的损坏	10	不文明或野蛮操作,每次扣5分,扣完为止,情节严重者停止操作,违规操作发生重大事故,此项记0分	
7	情景问答	提出2个与本学习任务有关的问题	10	每题5分,酌情扣分	
8	任务书填写	(1)内容正确、完整; (2)字迹工整、清晰	10	每次错误扣1分,扣完为止	
9	时间	(1)操作时间为10min; (2)小结时间不计算操作时间	—	每超时1min扣2分	
10	小结	(1)总结全面,能分析错误原因; (2)不弄虚作假,抄袭,自行完成	10	(1)发现抄袭,弄虚作假,本项记0分; (2)结合实际内容酌情扣分	
	总计		100		
评语					

四、学习拓展

1 选择题

(1)以下选项中,属于发动机的空气供给装置的是(　　)。
　　A.汽油箱　　　B.汽油泵　　　C.空气滤清器　　　D.化油器
(2)空气滤清器的滤芯堵塞,会加大汽车的(　　)排放量。
　　A.CO　　　B.HC　　　C.NO_x　　　D.CO和HC

2 判断题

(1)在使用压缩气体清洁空气滤清器时,应从滤芯的进气侧吹向出气侧。(　　)
(2)在使用压缩气体清洁空气滤清器时,应尽可能使用高的压力,使清洁效果更好。
(　　)

3 简答题

清洁空气滤清器越勤换越好吗?为什么?

子任务 3　更换燃油滤清器

学习目标

完成本任务学习后,你应该掌握2个知识点和1个技能点:
1. 燃油滤清器的结构和作用;
2. 燃油滤清器更换周期和工艺流程;
3. 会进行燃油滤清器的更换。

建议完成本任务的时间为 **2** 课时。

学习任务

案例:陈女士到汽车维修店进行车辆维护,并与服务顾问提及该车起动困难,加速无力,并长时间未更换燃油滤清器。据维修工分析可能是燃油滤清器脏污堵塞所致,那么该如何检查与更换燃油滤清器?

请你通过学习和训练,完成燃油滤清器的更换作业。

一、资料收集

引导问题 1　燃油滤清器的作用是什么?结构是怎样的?

汽油滤清器结构

燃油滤清器能有效过滤燃油中的杂质和水分,保证供给发动机清洁干净的燃油,使得燃油系统精密部件免受磨损及其他损害。此外,有些燃油滤清器具有调节燃油压力的功能,能保持发动机燃油系统燃油压力的恒定。

现代电喷汽车燃油滤清器一般位于输油泵的出口一侧,工作压力较高,通常采用金属外壳,汽油滤清器的滤芯多采用滤纸,也有使用尼龙布、高分子材料的,滤芯的形式通常有两种,即菊花形和涡卷形,如图4-33所示。

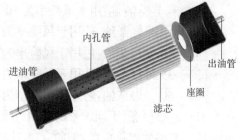

图4-33　汽油滤清器结构

引导问题 2　常用车用燃料有哪些?怎样选用?

目前,汽车用燃料主要有汽油和柴油两种,还有很多替代燃料,例如甲醇、乙醇、乳化燃料、天然气、石油气、氢气等。

1 汽油

我国于2016年发布了《车用汽油》(GB 17930—2016)，代替了《车用汽油》(GB 17930—2013)。车用汽油(Ⅳ)按研究法辛烷值分为90号、93号和97号3个牌号，车用汽油(Ⅴ)、车用汽油(ⅥA)和车用汽油(ⅥB)按研究法辛烷值分为89号、92号、95号和98号4个牌号。乙醇汽油是指在不添加含氧化合物的液体烃类中加入一定量变性燃料乙醇后作点燃式内燃机的燃料，加入量(V/V)为10%。我国于2017年发布了《车用乙醇汽油(E10)》(GB 18351—2017)，规定车用乙醇汽油(E10)按研究法辛烷值(RON)划分为89号、92号、95号和98号4种牌号。

车用汽油的选择应根据发动机压缩比进行抗爆性的选择，压缩比越大，汽油的牌号越高；高原地区大气压力相对较小，空气稀薄，可以适当降低汽油的辛烷值。经常在大负荷、低转速下工作的汽车发动机，应选择较高辛烷值汽油；发动机使用时间较长后，由于燃烧室积炭、水套积垢等使发动机压力增加，此时，再使用原牌号汽油时发动机会有爆燃。因此，这类汽车在维护后应该使用高一级的汽油；加油应到规模较大、信誉良好的加油站加油。油品差不仅影响汽车的使用性能(导致其动力性差、排放高、油耗高)，严重的还会使发动机机件损坏；尽量采用加入汽油清洁剂的清洁汽油和含铅量低的汽油。

2 柴油

我国于2015年发布了《普通柴油》(GB 252—2015)，普通柴油按凝点分为5号、0号、-10号、-20号、-35号、-50号6种牌号，分别适用于风险率为10%的最低气温在8℃、4℃、-5℃、-14℃、-29℃和-44℃以上的地区使用。

车用轻柴油的选用主要考虑环境温度，气温低的地区，选用凝点较低的柴油，反之气温较高的地区，选用凝点较高的柴油。在气温和季节允许的情况下，尽量延长高凝点柴油的使用时间。一般选用柴油的凝点应较最低气温低2~3℃，以保证在最低气温时不致凝固而影响使用，具体可参考如下。

(1) 5号轻柴油：适用于风险率为10%的最低气温在8℃以上的地区使用。

(2) 0号轻柴油：适用于风险率为10%的最低气温在4℃上的地区使用。

(3) -10号轻柴油：适用于风险率为10%的最低气温在-5℃以上的地区使用。

(4) -20号轻柴油：适用于风险率为10%的最低气温在-14℃以上的地区使用。

(5) -35号轻柴油：适用于风险率为10%的最低气温在-29℃以上的地区使用。

(6) -50号轻柴油：适用于风险率为10%的最低气温在-44℃以上的地区使用。

同时还要注意：不同牌号的柴油可掺兑使用，以降低高凝点柴油的凝点。但应注意凝点的调整无严格的掺兑关系，例如-10号和-20号柴油各50%掺兑后，其凝点不是-15℃，而是在-14~-13℃之间。在冬季缺少低凝点轻柴油时，可以在高凝点轻柴油里掺入低凝点轻柴油，也可以在高凝点轻柴油里掺入10%~40%裂化煤油，掺兑后应注意搅拌均匀。

不能在柴油中掺入汽油，柴油中有汽油时发火性能将显著变差，导致起动困难，甚至不能起动。低温起动时可以采取预热措施，对进气管、机油及蓄电池等预热有利于起动，也可采用馏分轻、蒸发性好、自燃点低，又有一定十六烷值的低温起动液。

引导问题3 为什么要定期更换燃油滤清器？

燃油滤清器随着使用时间的延长，在滤芯处积累的氧化铁、胶质和其他颗粒物会越来越多，使得滤芯的过滤效率下降甚至出现堵塞的情况，发动机燃油系统的供油压力下降甚至失去压力，导致发动机性能下降甚至无法起动。一般情况下，燃油滤清器工作在最佳滤清效果的里程是有限的，所以必须定期更换燃油滤清器，同时还需考虑使用的燃油品质等因素，适当调整更换周期。

引导问题4 何时更换燃油滤清器？

在正常用车环境下，建议行驶 3 万 km 更换一次；如果使用的汽油或柴油油品太差的话，要缩短更换的周期，可以每隔 2 万 km 更换一次。如果用车比较仔细、油品又很好、车辆平常维护得很好，行驶 6 万 km 更换一次燃油滤芯也行，但是最好不要超过 10 万 km。具体各车型更换燃油滤清器的间隔周期可参照车辆使用手册。

引导问题5 如何更换燃油滤清器？

拆卸燃油滤清器

安装燃油滤清器

1 准备工作

（1）领取备件：发动机燃油滤清器。
（2）拉发动机舱盖释放杆，打开发动机舱盖，安装翼子板布和前格栅布。

2 拆卸燃油滤清器

（1）打开熔断丝盒，拔出汽油泵继电器熔断丝（图4-34），起动发动机若干次，直至发动机无法起动，释放燃油压力。

思考：为什么需要释放燃油压力？

（2）插入汽油泵继电器熔断丝，断开蓄电池负极电缆，如图4-35所示。

图4-34　拔出汽油泵继电器熔断丝

图4-35　断开蓄电池负极电缆

思考：为什么要断开蓄电池负极？

（3）将车辆举升至最大高度。

（4）从燃油滤清器上拆下回油管和供油管（图4-36），用EN-6015螺塞或同等工具堵塞燃油管口。

（5）转动燃油滤清器直到卡夹从边缘完全松开，沿箭头方向倾斜燃油滤清器（图4-37），从蒸气活性炭罐拆下燃油滤清器。

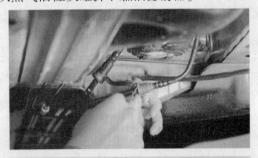
图4-36 拆下燃油滤清器上的回油管和供油管

图4-37 拆下燃油滤清器

3 安装新的滤清器

（1）倾斜燃油滤清器将燃油滤清器定位到卡夹所需位置上，转动燃油滤清器直到卡夹位于边缘上。

（2）将EN-6015螺塞或同等工具从燃油管口拆下。

（3）将回油管、供油管安装至燃油滤清器，如图4-38所示。

（4）安全降低车辆。

（5）连接蓄电池负极电缆，如图4-39所示。

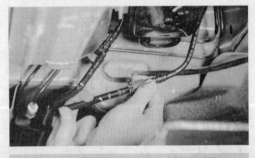
图4-38 连接燃油滤清器回油管、供油管

图4-39 连接蓄电池负极电缆

（6）起动车辆，检查发动机是否正常运转，燃油滤清器连接处应无燃油泄漏。

4 整理现场

（1）收回翼子板布、前格栅布和防护五件套，关闭发动机舱盖。

（2）取下车钥匙，收回驾驶舱防护套丢弃至分类垃圾桶，锁好车门。

（3）将旧件丢至分类垃圾桶或者包装好放在车主行李舱（工单备注需回收旧件）。

（4）清洁地面，将工具清洁并归回原位。

二、实 施 作 业

更换燃油滤清器。

要求:

(1)根据"学习资料"和查阅资料完成"更换燃油滤清器工作任务书"(表4-6)的制定。

更换燃油滤清器工作任务书　　　　　表4-6

作业名称			作业时间		作业人	
作业条件						
工具			量具	设备		材料
工序及过程记录						
序号	作业项目			操作记录		数据记录
1	准备工作	(1)车辆驾驶舱防护				
2		(2)打开发动机舱盖				
3		(3)安装翼子板布和前格栅布				
4	拆卸燃油滤清器	(1)				
5		(2)				
6		(3)				
7		(4)				
8		(5)				
9		(6)				
10	安装燃油滤清器	(1)				
11		(2)				
12		(3)				
13		(4)				
14		(5)				
15		(6)				
16		(7)				
17	5S	(1)				
18		(2)				
19		(3)				
小结:找出在操作过程中出现的问题,分析原因,提出解决措施						

(2)两人合作按照工艺完成实践操作,将作业过程和检查的数据进行记录,其中"操作记录"一栏对于完成的工序打"√","数据记录"一栏填写检查的数据或关键的数据,例如拧紧力矩、液面高度等。

三、评价反馈

根据实际操作情况评价,填写表4-7。

更换燃油滤清器作业考核表　　　　　　　　　　　　　　　　表4-7

日期		操作时间			考评人	
工作过程评价							
对车辆进行燃油滤清器更换,操作时间为15min,完成工作过程记录,考核结束后,进行情景会话							
序号	考核项目	评分指标	配分	评分标准	得分
1	作业前准备	工作任务书编制	10	未准备扣5分	
2	领取材料	(1)材料选择正确; (2)用量准确	5	每次错误扣1分	
3	举升机使用	(1)举升机支点安装正确; (2)举升高度合理	5	安装位置不正确扣5分,高度不合理扣3分	
	拆卸燃油滤清器	(1)拆卸前释放燃油压力; (2)方法正确; (3)正确处理溢出燃油; (4)拆卸燃油滤清器前拆卸蓄电池负极电缆	10	每次错误扣2分,扣完为止	
	安装燃油滤清器	(1)方法正确; (2)安装后安装蓄电池负极电缆	10	每次错误扣2分,扣完为止	
4	步骤	步骤完整,没有遗漏,无逻辑错误	15	每次错误扣5分,扣完为止	
5	5S	(1)工作场地始终保持干净; (2)工具始终干净,摆放整齐; (3)所有物品恢复原状	5	每次错误扣2分,扣完为止	
6	安全文明生产	(1)遵守安全操作规程,正确使用工具; (2)无任何人身伤害和设备的损坏	10	不文明或野蛮操作,每次扣5分,扣完为止,情节严重者停止操作,违规操作发生重大事故,此项记0分	
7	情景问答	提出2个与本学习任务有关的问题	10	每题5分,酌情扣分	
8	任务书填写	(1)内容正确、完整; (2)字迹工整、清晰	10	每次错误扣1分,扣完为止	
9	时间	(1)操作时间为10min; (2)小结时间不计算操作时间	—	每超时1min扣2分	
10	小结	(1)总结全面,能分析错误原因; (2)不弄虚作假,抄袭,自行完成	10	(1)发现抄袭,弄虚作假,本项记0分; (2)结合实际内容酌情扣分	
总计				100		
评语							

四、学习拓展

1 选择题

(1)燃油滤清器的滤芯分(　　)。
　　A.纸质滤芯　　　　B.金属片缝隙式滤芯　　　　C.多孔陶瓷滤芯

(2)微孔纸质滤芯的优点有(　　)。
　　A.通过性能好　　B.滤清效率高　　　　C.维护容易　　　　D.成本低

2 判断题

(1)在安装燃油滤清器时,要按照燃油滤清器壳体上标有方向安装。　　(　　)
(2)在拆卸燃油系统内任何元件时,都必须首先释放燃油系统压力。　　(　　)

3 简答题

拆卸燃油滤清器前,为什么要释放燃油压力?怎样释放燃油压力?

 检查与更换发动机冷却液

学习目标

完成本任务学习后,你应该掌握2个知识点和1个技能点:
1.冷却液的类型和选用标准;
2.冷却液更换周期和检查更换工艺流程;
3.会进行冷却液的检查与更换。

 建议完成本任务的时间为 **4** 课时。

 学习任务

冬季来临,一辆雪佛兰科鲁兹轿车车主来到4S店要求对车辆的冷却液进行检查,以免因冷却液失效造成发动机冷却系统结冰、损坏。
请你通过学习和训练,完成冷却液的检查与更换作业。

冷却系统功用

冷却系统类型

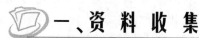 一、资料收集

引导问题1 汽车发动机冷却系统的作用是什么?有哪些类型?结构是怎样的?

正如人体需要维持在37℃体温才能正常工作和生活一样,使用烃类燃料(汽油/柴油)

冷却系统组成

的车辆,其发动机需要配备一套有效的冷却系统来帮助缸体降温,并维持在其正常的工作温度范围之内。

1922年,节温器开始使用,标志着现代汽车发动机冷却系统的雏形基本形成,目前汽车发动机广泛采用强制循环冷却系统,如图4-40所示。

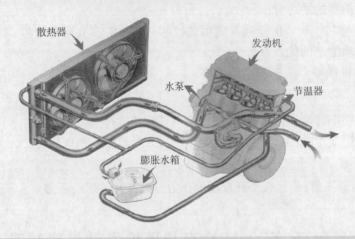

图4-40　强制循环冷却系统

引导问题2　汽车发动机冷却液具有哪些作用?

冷却液是为发动机冷却系统中带走高温零件热量的工作介质,随着技术的发展,冷却液不再单纯只有冷却功能,而具备防冻、防沸等功能。

为保证汽车发动机正常工作和延长发动机的使用寿命,要求汽车发动机冷却液应具备下列品质。

冷却作用。冷却液的基本作用是冷却,发动机工作时,冷却液通过水泵在发动机冷却系统内强制循环,带走发动机燃料燃烧做功产生的热量。

防腐作用。冷却系统的一些零部件材质是铸铁、铝、黄铜、焊锡等金属,金属材质在工作过程中容易发生化学腐蚀,导致冷却系统的散热器、喷油嘴隔套、冷却管道、接头等处发生故障;同时,腐蚀物有可能堵塞管道造成循环不良,引起发动机过热。因此,冷却液中都加入了一定量的防腐蚀添加剂,用于防止冷却系统中各零部件的腐蚀。

防垢作用。冷却液的成分大部分是水,水中的钙、镁等阳离子在热负荷条件下,容易与水中的各种酸根阴离子发生化学反应生成水垢。水垢覆盖在循环管道的外壁上使零部件导热不良引起发动机过热。因此,冷却液中通常加入一些防止水垢生成的添加剂。

防冻、防沸作用。冷却液最重要的作用是防冻、防沸。冷却液里含有降低水冰点和提高水沸点的防冻剂,因此,在冬季低温工作时,发动机冷却系统不会因结冰而损坏;在夏季高温工作时,升高沸点,使发动机拥有更宽广的工作温度。

引导问题3 冷却液由哪些成分组成？

冷却液由水、防冻剂和各种添加剂组成。

水：水是冷却液的重要组成成分，这不仅是因为水具有良好的导热性和较大的比热容，而且一些防冻剂如乙二醇只有在配成一定比例的水溶液时才能充分发挥其防冻作用。

防冻剂：冷却液含有大量的水，水的冰点是0℃。在冬季，温度低于0℃时，冷却液结冰将损坏发动机冷却系统，因此，需要加入防冻剂以降低冷却液的冰点。

添加剂：为了使冷却液性能指标达到使用要求，确保发动机冷却系统正常工作，常在冷却液中加入缓蚀剂、缓冲剂、防垢剂、消泡剂、着色剂等添加剂。缓蚀剂的作用是防止或延缓发动机冷却系统金属零部件的腐蚀；缓冲剂的作用是使冷却液维持一定的pH值，防止冷却液过度酸化而具有较强的腐蚀性，以保证冷却系统各金属零部件更好地工作；防垢剂的作用是防止水垢形成而影响冷却系统的散热效果；消泡剂的作用是降低泡沫的产生，以免因泡沫影响传热效率；着色剂的作用是使冷却液具有醒目的颜色，在冷却系统发生故障时容易辨认渗漏位置。

由此可见，冷却液的作用并不只有防冻功能，只有冬天才起作用，它还具有冷却、防腐、防垢的作用，对维持发动机冷却系统的正常工作非常重要，需要全年使用。

引导问题4 常见的冷却液有哪些类型？

冷却液的分类方法很多，通常按基础液类型、缓蚀剂组成、应用发动机的负荷3种方法进行分类，目前常用的为按照基础液分类的"醇—水型"。

醇—水型冷却液的基础液是甲醇、乙醇、乙二醇、丙二醇等醇类。因乙二醇不仅具有优良的降低冰点的效果，同时具有沸点高、黏度适中、性能稳定、毒性低等优点而广泛使用，目前在用的绝大部分冷却液是乙二醇型冷却液。丙二醇也具有优良的降低冰点的效果，并且毒性更小，对环境污染小。

引导问题5 为什么冷却液需要定期检查或更换？

常见的乙二醇型冷却液是由乙二醇和水勾兑而成。乙二醇在长期的高温作用下会转化为乙酸，与缓蚀剂相互作用，当缓蚀剂消耗殆尽之后，乙酸就会腐蚀发动机的金属机体，同时冷却液中的消泡剂、着色剂、防霉剂、缓冲剂等也会随着时间的推移而消耗殆尽，冷却液的防腐、防溶胀等作用就会减弱。另外，由于乙二醇浓度降低，冷却液的冰点也会升高。所以，为了防止上述现象发生，需要定期检查或更换冷却液。

冷却液对发动机的保护是长期的，即使冷却液变质了，对发动机的影响也不会马上体现出来。但是时间长了后果就体现出来了，最明显的就是水管接头处会渗漏，橡胶水管有轻微的裂痕。拆下水管，会发现金属水管内部有腐蚀的痕迹，冷却液甚至会有黏稠的感觉。严重时甚至会将散热器腐蚀漏水(一般先漏水的是暖风水箱)或者将暖风水箱堵塞,造成暖风不热。

引导问题6　何时更换冷却液?

不同的汽车生产厂家对冷却液的更换周期会有所差异,但绝大部分厂商建议车主每2年或4万km更换一次冷却液。当然这个更换周期也只是一个参考,因为每辆车的行驶情况都不一样,大家可以根据实际使用情况及时检查冷却液的使用情况和选择更换周期。如果发现冷却液低于最小的刻度值(冷却液正常值应在冷却液储液罐两刻度线 MAX 和 MIN 之间),就要及时添加,不然会影响发动机的冷却性能。

引导问题7　如何检查和更换冷却液?

检查冷却液液位

1 准备工作

(1)领取备件:发动机冷却液。
(2)拉发动机舱盖释放杆,打开发动机舱盖,安装翼子板布和前格栅布。

2 检查冷却液液面高度

在冷却系统冷却的情况下,检查冷却液液位应在冷却液储液罐最低液位线标记和最高液位线标记之间(图4-41)。如果液位过低,需查明是否存在泄漏。

图4-41　检查冷却液液位高度

3 检查冷却液冰点

使用冰点测试仪检查冷却液冰点,查阅维修手册,如冷却液冰点低于-35℃则应更换。
(1)测试仪校准,取少许自来水涂于测试仪观测口上(图4-42)。读取自来水冰点值(图4-43)应为0℃(图4-44),说明测试仪正常,否则需校准测试仪。
(2)取少许冷却液涂于测试仪观测口上,读取冷却液冰点值,如图4-45所示。

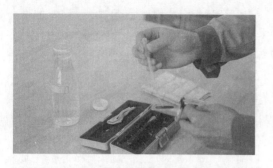

图 4-42 取自来水涂于测试仪观测口

图 4-43 读取测量值

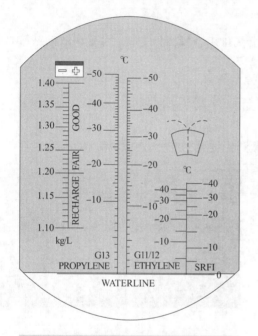

图 4-44 冰点测试仪测试自来水冰点

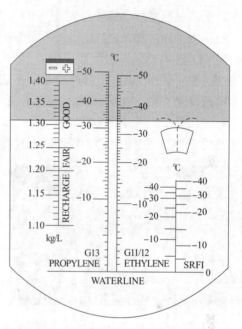

图 4-45 冰点测试仪测试冷却液冰点

注意：必须在发动机冷却前提下，才能打开发动机散热器盖或冷却液补充罐盖，以免烫伤。

(3) 测试仪使用完毕后清洁干净，保存于干净的容器内。

4 更换冷却液

(1) 打开冷却液储液罐盖（打开前确保冷却液已冷却）。
(2) 安全支撑和举升车辆。
(3) 将接水盘或同等工具放在散热器右下方。
(4) 连接软管至排水螺塞旁通接头（图4-46），打开散热器放水螺塞，排空冷却系统中冷却液（图4-47）。

注意：冷却液具有较强的毒性和化学腐蚀性，不可与眼睛、口鼻、油漆接触。

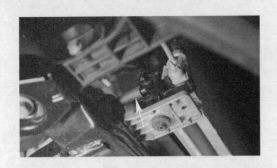
图4-46 连接排水软管

图4-47 排放冷却液

(5)关闭散热器放水螺塞,降下车辆。

(6)缓慢加注冷却液,已确保冷却系统中空气排出,将冷却液加注到冷却液储液罐最低标记线上方(图4-48),拧紧加注口盖。

注意:不同型号、颜色、厂牌的冷却液不能混用。

(7)起动发动机,工作到冷却风扇工作后停止。

(8)关闭发动机并使之冷却。

(9)检查冷却液液位,并加注至COLD(冷态)标记处,如图4-49所示。

图4-48 加注冷却液

图4-49 检查冷却液液面高度

5 现场整理

(1)收回翼子板布、前格栅布和防护五件套,关闭发动机舱盖。

(2)锁好车门,清洁地面,将工具清洁并归回原位。

二、实施作业

检查冷却液冰点,根据检查结果判断是否更换冷却液,并更换冷却液。

要求:

(1)根据"学习资料"和查阅资料完成"检查与更换冷却液工作任务书"(表4-8)的制定。

检查与更换冷却液工作任务书　　　　　　表 4-8

作业名称			作业时间		作业人	
作业条件						
工具		量具		设备		材料
工序及过程记录						
序号	作业项目		作业项目		操作记录	数据记录
1	准备工作		(1)			
2			(2)			
3	冷却液液面高度检查		(1)			
4			(2)			
5	冷却液冰点检查		(1)			
6			(2)			
7			(3)			
8	排放冷却液		(1)			
9			(2)			
10			(3)			
11			(4)			
12			(5)			
13			(6)			
14	添加冷却液		(1)			
15			(2)			
16	检查冷却液液面高度		(1)			
17			(2)			
18			(3)			
19	5S		(1)			
20			(2)			
小结：找出在操作过程中出现的问题，分析原因，提出解决措施						

(2) 两人合作按照工艺完成实践操作，将作业过程和检查的数据进行记录，其中"操作记录"一栏对于完成的工序打"√"，"数据记录"一栏填写检查的数据或关键的数据，例如拧紧力矩、液面高度等。

三、评价反馈

根据实际操作情况评价，填写表4-9。

检查与更换冷却液作业考核表　　　　表4-9

日期		操作时间		考评人		
工作过程评价						
对车辆进行冷却液检查与更换，操作时间为25min，完成工作过程记录，考核结束后，进行情景会话						
序号	考核项目	评分指标	配分	评分标准		得分
1	作业前准备	工作任务书编制	10	未准备扣5分		
2	领取材料	(1)材料选择正确； (2)用量准确	5	每次错误扣1分		
3	冷却液液面高度检查	(1)检查时机（发动机已冷却）正确； (2)检查结果正确	4	每次错误扣2分，扣完为止		
	冷却液冰点检查	(1)拆卸膨胀水箱盖采取安全保护措施； (2)冰点测试仪校零； (3)测试结果正确	6	每次错误扣2分，扣完为止		
	排放冷却液	(1)举升机使用正确； (2)排放方法正确； (3)冷却液无大量撒漏； (4)撒漏后处理方式正确	6	每次错误扣2分，扣完为止		
	添加冷却液	(1)添加量正确； (2)添加后进行液面高度检查，且在冷却系统进行了大循环后进行	4	每次错误扣2分，扣完为止		
4	步骤	步骤完整，没有遗漏，无逻辑错误	15	每次错误扣5分，扣完为止		
5	5S	(1)工作场地始终保持干净； (2)工具始终干净，摆放整齐； (3)所有物品恢复原状	5	每次错误扣2分，扣完为止		
6	安全文明生产	(1)遵守安全操作规程，正确使用工具； (2)无任何人身伤害和设备的损坏	10	不文明或野蛮操作，每次扣5分，扣完为止，情节严重者停止操作，违规操作发生重大事故，此项记0分		
7	情景问答	提出2个与本学习任务有关的问题	10	每题5分，酌情扣分		
8	任务书填写	(1)内容正确、完整； (2)字迹工整、清晰	10	每次错误扣1分，扣完为止		

续上表

序号	考核项目	评分指标	配分	评分标准	得分
9	时间	(1)操作时间为25min； (2)小结时间不计算操作时间	—	每超时1min扣2分	
10	小结	(1)总结全面，能分析错误原因； (2)不弄虚作假，抄袭，自行完成	10	(1)发现抄袭，弄虚作假，本项记0分； (2)结合实际内容酌情扣分	
		总计	100		
评语					

四、学习拓展

1 选择题

(1)发动机冷却系统中锈蚀物和水垢积存的后果是( )。
　　A.发动机温升慢　　　　　　　B.热容量减少
　　C.发动机过热　　　　　　　　D.发动机怠速不稳

(2)以下哪个不是冷却液添加剂的作用( )。
　　A.防腐、防垢　　　　　　　　B.减小冷却系统压力
　　C.提高冷却介质沸点　　　　　D.降低冷却介质冰点

2 判断题

(1)机动车仪表板上"🌡"亮时,提醒发动机冷却液可能不足。　　　　　　( )
(2)在我国南方地区,因气温较高,不需要更换冷却液。　　　　　　　　( )

3 简答题

如何检查冷却系统是否泄漏？

子任务 5　检查与更换火花塞

学习目标

完成本任务学习后,你应该掌握1个知识点和1个技能点：
1.火花塞的结构、原理和失效分析；
2.会进行火花塞的检查和更换。

项目二 典型维护作业

 建议完成本任务的时间为 2 课时。

 学习任务

案例:王先生驾驶一辆科鲁兹轿车,行驶途中熄火,加速无力,该车行驶 60000km 未更换火花塞,据分析可能是火花塞不能正常工作所致,那么该如何检查并更换火花塞?

请你通过学习和训练,完成火花塞的检查与更换。

一、资料收集

引导问题 1 火花塞的主要作用是什么?

汽油发动机在压缩接近上止点时,火花塞将点火线圈所产生的脉冲高压电引进燃烧室,利用电极产生的电火花点燃混合气,完成燃烧。

引导问题 2 火花塞的基本结构是怎样的?有哪些类型?

火花塞主要由接线螺母、绝缘体、接线螺杆、中心电极、侧电极以及外壳等组成(图 4-50),根据散热需求和裙部长短可分为热型火花塞、冷型火花塞和普通火花塞。

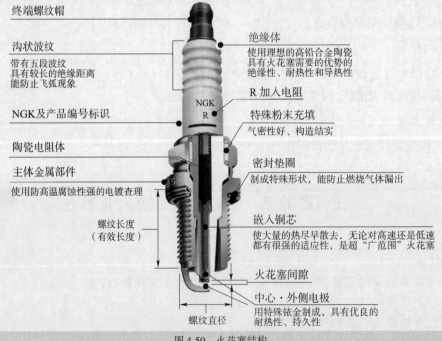

图 4-50 火花塞结构

火花塞中心电极与侧电极之间的间隙,称为火花塞间隙。火花塞间隙对火花塞及发动机的工作性能均有很大影响。间隙过小,火花微弱,并容易产生积炭而漏电;间隙过大,火花塞击穿电压增高,发动机不易起动,且在高速时容易发生"缺火"现象。故火花塞中心电极与侧电极之间的间隙应适当。

引导问题3 为什么火花塞需要定期检查或更换?

火花塞在工作过程中,因为工作环境高温、高压,受燃烧室的环境影响较大,会随着使用时间的延长发生各种故障,主要有下列几种形式:在火花塞发火部积炭,使绝缘性降低,最后导致熄火;受到积炭或附着的液体燃料的影响,发火部呈黑色发光的状态,使绝缘性降低,导致发动机熄火;发动机燃烧室堆积燃烧残渣物或火花塞发火部堆积燃烧残渣物,会导致火花塞发火部受异常过热时,可能会引起瓷器断裂,电极溶解;随着火花塞间隙因电极消耗等变大,要求电压会变高。火花塞电极间要求电压比端子与主体金属点火的电压高的话,就会发生飞弧现象。高压线也随着时间推移,高压线材质会硬化,使火花帽和绝缘体之间的密封性能降低,导致防止飞弧现象的性能下降。

所以需要定期检查火花塞的外观、电极的间隙等,必要时需要更换火花塞,也可参见维护手册。

引导问题4 如何检查或更换火花塞?

1 准备工作

(1)领取备件:火花塞。
(2)拉发动机舱盖释放杆,打开发动机舱盖,安装翼子板布和前格栅布。

2 拆卸点火线圈

(1)将发动机线束导管从气门室盖上拆下,断开点火线圈插头,如图4-51所示。
(2)沿点火线圈盖的箭头方向拆下点火线圈盖。
(3)拆下2个点火线圈螺栓(图4-52),使用EN-6009拆装工具或同等工具拆下点火线圈。

图4-51 断开点火线圈插头

图4-52 拆下点火线圈螺栓

3 拆卸火花塞

使用火花塞拆卸专用工具拆卸火花塞(图4-53)并取出。
思考:若火花塞专用套筒中的橡皮丢失,如何取出火花塞?

4 检查火花塞

(1)清洁火花塞。
(2)检查火花塞是否有裂痕、断裂、积油、烧蚀、积炭等,若火花塞存在裂痕、断裂、烧蚀等,需更换火花塞;若火花塞积炭、积油需进行清洁处理。
(3)使用厚薄规检查火花塞电极间隙(图4-54),若火花塞电极间隙异常,需进行调整。

图4-53 拆卸火花塞

图4-54 测量火花塞电极间隙

5 安装火花塞

将同型号新的火花塞或者清洁处理后的火花塞使用专用工具进行安装,并紧固至25N·m,如图4-55所示。

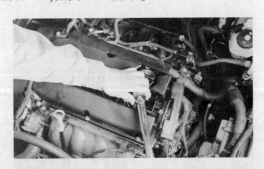

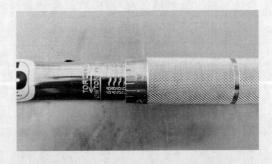

图4-55 安装火花塞

6 安装点火线圈

(1)将点火线圈放在初始位置,安装2个点火线圈螺栓,并紧固至8N·m。
(2)沿箭头方向安装点火线圈盖。
(3)连接点火线圈插头,将发动机线束导管安装至汽缸盖上。

7 整理现场

(1)收回翼子板布、前格栅布和防护五件套,关闭发动机舱盖,锁好车门。
(2)清洁地面,将工具清洁并归回原位。

二、实 施 作 业

完成火花塞检查或更换作业。
要求:
(1)根据"学习资料"和查阅资料完成"检查与更换火花塞工作任务书"(表4-10)的制定。

检查与更换火花塞工作任务书　　　　　　表4-10

作业名称			作业时间		作业人	
作业条件						
工具			量具	设备		材料
工序及过程记录						
序号	作业项目				操作记录	数据记录
1	准备工作		(1)			
2			(2)			
3	拆卸火花塞		(1)			
4			(2)			
5			(3)			
6			(4)			
7			(5)			
8			(6)			
9			(7)			
10			(8)			
11	检查火花塞电极间隙		(1)			
12			(2)			
13	安装(更换)火花塞		(1)			
14			(2)			
15			(3)			
16	5S		(1)			
17			(2)			
小结:找出在操作过程中出现的问题,分析原因,提出解决措施						

(2)两人合作按照工艺完成实践操作,将作业过程和检查的数据进行记录,其中"操作记录"一栏对于完成的工序打"√","数据记录"一栏填写检查的数据或关键的数据,例如拧紧力矩等。

三、评价反馈

根据实际操作情况评价,填写表4-11。

检查与更换火花塞作业考核表 表4-11

日期		操作时间		考评人		
工作过程评价							
对车辆进行火花塞检查与更换作业,操作时间为10min,完成工作过程记录,考核结束后进行情景会话							
序号	考核项目	评分指标	配分	评分标准	得分
1	作业前准备	工作任务书编制	10	未准备扣5分	
2	领取材料	(1)材料选择正确; (2)用量准确	5	每次错误扣1分	
3	拆卸火花塞	(1)工具使用正确; (2)火花塞拆卸流程正确	5	每次错误扣2分,扣完为止	
	检查火花塞	(1)火花塞检查方法正确; (2)检查结果准确记录	10	每次错误扣2分,扣完为止	
	安装火花塞	(1)能依据检查结果判断是否需要更换火花塞; (2)火花塞拧紧力矩正确	10	每次错误扣2分,扣完为止	
4	步骤	步骤完整,没有遗漏,无逻辑错误	15	每次错误扣5分,扣完为止	
5	5S	(1)工作场地始终保持干净; (2)工具始终干净,摆放整齐; (3)所有物品恢复原状	5	每次错误扣2分,扣完为止	
6	安全文明生产	(1)遵守安全操作规程,正确使用工具; (2)无任何人身伤害和设备的损坏	10	不文明或野蛮操作,每次扣5分,扣完为止,情节严重者停止操作,违规操作发生重大事故,此项记0分	
7	情景问答	提出2个与本学习任务有关的问题	10	每题5分,酌情扣分	
8	任务书填写	(1)内容正确、完整; (2)字迹工整、清晰	10	每次错误扣1分,扣完为止	
9	时间	(1)操作时间为10min; (2)小结时间不计算操作时间	—	每超时1min扣2分	
10	小结	(1)总结全面,能分析错误原因; (2)不弄虚作假,抄袭,自行完成	10	(1)发现抄袭、弄虚作假,本项记0分; (2)结合实际内容酌情扣分	
		总计	100		
评语					

四、学习拓展

1 选择题

(1) 火花塞两极间的放电电压一般为(　　)。
　　A. 220V　　　　B. 380V　　　　C. 1000～1200V　　　　D. 10000～15000V
(2) 为保证火花塞易于跳火,应使点火时火花塞的中心电极为(　　)。
　　A. 正极　　　　B. 负极　　　　C. 正、负不一　　　　　D. 正、负无所谓
(3) 影响汽油机点火高压的因素有(　　)。
　　A. 火花塞的电极间隙　　　　　B. 进气量
　　C. 喷油量　　　　　　　　　　D. 混合气浓度
(4) 在讨论火花塞时,甲认为在火花塞上标的数字越大,火花塞越冷。乙说:在火花塞上标的拼音字母表示火花塞结构特点,发火端特性等,若无字母表示普通火花塞,谁正确? (　　)
　　A. 甲正确　　　B. 乙正确　　　C. 两人都正确　　　　　D. 两人都不正确

2 判断题

(1) 点火延迟会导致发动机功率提高。　　　　　　　　　　　　　　　　(　　)
(2) 当电容器击穿(短路)时,会导致火花塞没有火花。　　　　　　　　　(　　)

3 简答题

压缩比低、转速低、输出功率小的发动机应选择什么火花塞?为什么?

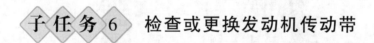

子任务 6　检查或更换发动机传动带

学习目标

完成本任务学习后,你应该掌握1个知识点和1个技能点:
1. 传动带的作用、结构和失效原因;
2. 会进行发动机传动带的检查或更换。

 建议完成本任务的时间为 **4** 课时。

 学习任务

案例:向先生驾车在高速上行驶,急加速超车过程中突然听到轰的一声,仪表上蓄电池充电指示灯点亮,下车检查未发现异常,所幸离服务区不远,向先生惴惴不安的将车开到服务区维修店,方知是发电机传动带断了。

请你通过学习和训练,弄清楚传动带的维护内容,并完成传动带的检查与更换作业。

一、资料收集

引导问题1 发动机传动带的作用是什么？有什么特点？

图4-56 发动机传动带

发动机传动带主要用于驱动发动机附件,例如空调压缩机、动力转向油泵或交流发电机等,传动带传动通常由主动带轮、从动带轮、张紧轮和张紧在带轮上的传动带组成,如图4-56所示。

传动带具有良好的弹性,在工作中能缓和冲击和振动,运动平稳无噪声。载荷过大时传动带在轮上打滑,因而可以防止其他零件损坏,起安全保护作用。传动带是中间零件,它可以在一定范围内根据需要来选定长度,以适应中心距要求较大的工作条件。传动带传动结构简单,制造容易,安装和维修方便,成本较低。

引导问题2 汽车上常用的带传动有哪些类型？

汽车上使用的传动带传动主要有摩擦传动型(图4-57)和啮合传动型(图4-58)两种类型。

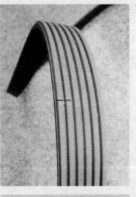 

图4-57 摩擦传动型传动带　　图4-58 啮合传动型传动带

摩擦传动型的工作原理是利用传动带与带轮之间的摩擦力传递运动和动力。目前汽车上常用的为多楔带传动。多楔带的截面形状为多楔形,工作面为侧面,多楔带是在平带内表面纵向布有等间距三角楔的环形带,多楔带传递功率大,效率高,速度快,传动比大。

啮合传动型的工作原理是利用同步带上的齿与带轮上的齿槽的啮合作用来传递运动和动力。同步带传动工作时带与带轮之间不会产生相对滑动,能够获得准确的传动比,因此它兼有带传动和齿轮啮合传动的特性和优点。同步带通常以钢丝绳或玻璃纤维为承载层,氯丁橡胶或聚氨酯为基体。这种带薄而轻,可用于较高速度。传动时的线速度可达50m/s,传动比可达10,效率可达98%。此外,由于不是靠摩擦力传递动力,带的预紧力可以很小,作用于带轮轴和其轴承的力也很小。其主要特点是制造或安装精度要求较高,中心距要求较严格。

引导问题 3 为什么要定期检查和更换传动带?

带传动的失效与很多因素有关,粉尘或脏的运转条件,磨损或粗糙的带轮,变化载荷,张紧力不足,带轮错位,发动机高温环境等都会导致带传动的失效。带传动的失效以传动带失效最为常见,常见失效形式主要有松弛的传动带在带轮里打滑而产生的摩擦会使传动带的两侧面变得光滑和闪亮,表面的光滑使得传动带摩擦系数降低而容易打滑,在带轮里的油或者油脂也会引起这种情况;所有的传动带在带轮上经过一段时间的运行后均会产生裂纹,其原因是底部橡胶不断受到挤压而产生的应力达到破裂点,早期比较小的不规则的裂纹通常伴随着传动带变硬;过大的张紧力和持续的突变载荷也可能造成传动带拉力线的断裂等均可能导致传动带无法正常工作,使得发动机也无法正常运行,而这些现象的出现均会随着车辆的使用不定期出现,所以需要定期检查传动带的状况,必要时更换新传动带。

引导问题 4 如何更换传动带?

1 准备工作

(1)将车辆停放至工位,拉起驻车制动器操纵杆、挂 P 挡(手动变速器挂空挡),安装防护五件套,拉发动机舱盖释放杆。

(2)打开发动机舱盖,安装翼子板布和前格栅布。

2 检查传动带

(1)传动带外观检查。检查传动带是否开裂、软化、侧面磨亮、表面剥落、起层、拉长和严重磨损等现象,若存在上述现象应当更换传动带。

(2)传动带张力检查。传动带的张力检查作为常规的维护项目之一是非常重要的,太低的张力会引起传动带的打滑而导致传动带过热造成早期失效,而且过热的传动带会将本身的热量传递到驱动系统的带轮和驱动轴,并使轴承润滑脂过热。对于配组传动带,所有的传动带应当在同一张力下运行。

用拇指强力(约 100N)地按压 2 个带轮中间的传动带,如果传动带的压下量在 10mm 左右,则认为传动带张力恰好合适,若压下量过大,则传动带的张力不足,若传动带几乎不出现压下量,则传动带的张力过大。也可以使用传动带张力测试仪检查(图 4-59)。

3 更换传动带

(1)举升车辆至中位。

(2)拆下前舱防溅罩。

图 4-59　传动带张力测试

（3）通过逆时针转动来释放传动带张紧器上的张力，并用 EN-6349 销锁止，如图 4-60 所示。

图 4-60　释放张紧器张力

（4）拆下传动带。
（5）安装新的传动带，注意：确保传动带被定位在发电机带轮、曲轴扭转减振器、传动带张紧器和水泵皮带轮上。传动带必须位于法兰和法兰之间的水泵带轮上。
（6）检查传动带的位置。
（7）通过逆时针转动来释放张紧器上的张力，拆下 EN-6349 销，顺时针转动以对张紧器施加张力，如图 4-61 所示。注意：让张紧器缓慢滑回原位。

图 4-61　张紧器还原

（8）安装前舱防溅罩。
（9）降下车辆。

4 整理现场

(1)收回翼子板布、前格栅布和防护五件套,关闭发动机舱盖,锁好车门。
(2)清洁地面,将工具清洁并归回原位。

二、实施作业

完成检查和更换传动带作业。
要求:
(1)根据"学习资料"和查阅资料完成"检查和更换传动带工作任务书"(表4-12)的制定。

检查和更换传动带工作任务书　　　　　　　　表4-12

作业名称			作业时间		作业人	
作业条件						
工具		量具		设备		材料
工序及过程记录						
序号	作业项目				操作记录	数据记录
1	准备工作	(1)				
2		(2)				
3	拆卸传动带	(1)				
4		(2)				
5		(3)				
6		(4)				
7	安装传动带	(1)				
8		(2)				
9		(3)				
10		(4)				
11		(5)				
12		(6)				
13	5S	(1)				
14		(2)				
小结:找出在操作过程中出现的问题,分析原因,提出解决措施						

(2)两人合作按照工艺完成实践操作,将作业过程和检查的数据进行记录,其中"操作记录"一栏对于完成的工序打"√","数据记录"一栏填写检查的数据或关键的数据,例如拧紧力矩、液面高度等。

三、评价反馈

根据实际操作情况评价,填写表4-13。

检查和更换传动带作业考核表　　　　　　　　　　　　　　表4-13

日期		操作时间		考评人	
工作过程评价					
对车辆进行传动带检查和更换,操作时间为15min,完成工作过程记录,考核结束后,进行情景会话					
序号	考核项目	评分指标	配分	评分标准	得分
1	作业前准备	工作任务书编制	10	未准备扣5分	
2	领取材料	(1)材料选择正确; (2)用量准确	5	每次错误扣1分	
3	举升机使用	(1)举升机支点安装正确; (2)举升高度合理	5	安装位置不正确扣5分,高度不合理扣3分	
	拆卸传动带	(1)正确拆卸防溅罩; (2)正确压缩张紧轮	10	每次错误扣2分,扣完为止	
	安装传动带	(1)正确安装传动带; (2)正确释放张紧轮; (3)正确安装防溅罩	15	每次错误扣2分,扣完为止	
4	步骤	步骤完整,没有遗漏,无逻辑错误	15	每次错误扣5分,扣完为止	
5	5S	(1)工作场地始终保持干净; (2)工具始终干净,摆放整齐; (3)所有物品恢复原状	5	每次错误扣2分,扣完为止	
6	安全文明生产	(1)遵守安全操作规程,正确使用工具; (2)无任何人身伤害和设备的损坏	10	不文明或野蛮操作,每次扣5分,扣完为止,情节严重者停止操作,违规操作发生重大事故,此项记0分	
7	情景问答	提出2个与本学习任务有关的问题	10	每题5分,酌情扣分	
8	任务书填写	(1)内容正确、完整; (2)字迹工整、清晰	10	每次错误扣1分,扣完为止	
9	时间	(1)操作时间为15min; (2)小结时间不计算操作时间	—	每超时1min扣2分	
10	小结	(1)总结全面,能分析错误原因; (2)不弄虚作假,抄袭,自行完成	10	(1)发现抄袭,弄虚作假,本项记0分; (2)结合实际内容酌情扣分	
	总计		100		
评语					

四、学习拓展

1 选择题

(1) 附件传动带会驱动( )附件。
　　A. 水泵　　　　B. 发电机　　　　C. 机油泵　　　　D. 正时齿轮
(2) 附件传动带断裂,仪表上( )指示灯点亮。
　　A. 蓄电池充电指示灯　　　　B. 蓄电池故障灯
　　C. 发动机故障灯　　　　　　D. 机油压力报警灯

2 判断题

(1) 所有汽车的发电机均是由传动带驱动的。　　　　　　　　　　　　　( )
(2) 附件传动带也可驱动正时齿轮。　　　　　　　　　　　　　　　　　( )

3 简答题

(1) 查阅资料,总结传动带张紧轮的类型,张紧轮张紧或者释放的方法有何异同。
(2) 查阅资料,列出 5 种机油泵由传动带驱动的车型。

项目二　典型维护作业

学习任务五

制动系统维护

本任务共有5个子任务,包括检查或更换制动液、检查制动系统操纵机构、拆检鼓式制动器、拆检盘式制动器和检查与调整驻车制动器,主要围绕制动器及操纵系统等的结构、原理和失效原因,油液的规格型号、选用和失效原因等进行阐述和分析,结合雪佛兰科鲁兹轿车为例进行制动器的拆检、制动液的更换和驻车制动器的检查和调整等作业示范,对特殊和具有个性的作业结合其他车型进行简要介绍。

子任务1　检查或更换制动液

学习目标

完成本任务学习后,你应该掌握1个知识点和1个技能点:
1. 定期检查和更换制动液的原因;
2. 会进行检查和更换制动液。

建议完成本任务的时间为 **4** 课时。

学习任务

案例:李先生的雪佛兰科鲁兹轿车,踩制动踏板感觉高低正常,行驶中踩制动踏板时感觉制动不灵敏,制动距离变长,性能下降,ABS故障灯有时闪亮。经修理工检查,制动系统机械部件均正常,而该车行驶了80000km,未更换制动液,车主也不知道需要更换,可能是制动液过脏堵塞管路或阀门导致该故障。

请你通过学习和训练,完成制动液的检查与更换。

一、资料收集

引导问题1 制动液的作用是什么?

制动液是汽车液压制动系统中传递制动压力的液态介质,又称刹车油或迫力油。

引导问题2 制动液有哪些类型?

现代汽车的制动液多位合成型制动液,主要有三种类型,分别是醇醚型、脂型和硅油型。我国先后制定了多个标准对合成制动液分类进行了规范,国际上也有不同的标准,其对应关系见表5-1。其中各标准下的各类制动液尾数越大质量等级越高。

制动液分类　　　　　　　　　　　　　　表5-1

标准	醇醚型	醇醚硼酸酯型			硅酮型
GB 12981—2012	HZY3	HZY4		HZY6	HZY5
QC/T 670—2000	V3	V4			
FMVSSNO.116	DOT3	DOT4	超级DOT4	DOT5.1	DOT5
欧洲	DOT3	DOT4	超级DOT4	DOT5.1	DOT5
SAEJ型	J1703	J1704			J1705
ISO4925	Class3	Class4		Class5	Class6
JISK—2233	BF-3	BF-4		BF-5	BF-6
ASI1960-1983	Grade1	Grade2	Grade3		Grade4

引导问题3 如何选用制动液?

在选用制动液时,一般选用汽车使用说明书或维修手册上规定型号或质量等级的制动液。若因某些原因不愿再使用车辆制造厂推荐的制动液或该产品不易获得,需要重新选择制动液时,可遵循以下原则:

(1) 选用的制动液产品质量等级应等于或高于车辆制造厂规定的制动液质量等级。

(2) 所选用的制动液产品类型应与车辆制造厂规定的产品类型相同,严禁混合添加制动液。

(3) 尽量使用正规厂家生产、性能稳定、质量有保证的合成型制动液。

引导问题4 制动液为什么需要定期更换?

制动液使用时间长了,表面上虽然没多大影响,但当车辆在紧急制动或者长期在下坡路行驶的时候,问题就容易出现了。制动系统在长期或者紧急制动的过程中,会使制动液温度迅速上升。而制动液本身有较强的吸水特性,它会吸收周围空气中的水分,例如洗车、潮湿空气等,都会有水分渗透进去,日积月累的水分进入制动液中会直接引起制动液沸点下降,令制动力随之下降。同时会导致制动管路中产生气阻,从而影响制动的性能。另外水分还会腐蚀制动管路,导致防抱死制动(ABS)液压总成的内部阀门损坏,严重影响制动制动的传递反应。再者,制动液使用时间久了,也会导致制动缸里的皮碗及活塞有所磨损,造成制动液混浊。

引导问题5 ▶ 何时更换制动液?

建议换制动液的时间最好是:4万km或者2年换一次(依照先到原则为准)。如果当地的多雨潮湿天气比较多的话,建议3万km或者2年进行更换(也是依照先到原则为准)。也可根据制动液含水率的检测结果(小于2.5%)确定是否需要进行更换。

引导问题6 ▶ 如何检测制动液含水率?

(1)打开发动机舱盖,安装翼子板布和前格栅布。
(2)使用手电筒照射,检查制动液液面高度,若液面无法看清可适当敲击储液罐。

制动液液面应在"Max"与"Min"之间,并尽量接近"Max",如图5-1所示。若制动液液面过低,应及时检查制动系统是否有泄漏。

(3)打开制动液储液罐盖,使用制动液检测仪检查制动液,如图5-2所示。根据检测仪的检测结果进行分析,若不合格,应及时更换。

图5-1 制动液液面高度检查

图5-2 检查制动液含水率

引导问题7 ▶ 如何更换制动液?

1 准备工作

(1)领取备件:制动液。

检查与更换制动液

(2)工具准备:制动液更换专用工具或同等工具、透明橡胶软管等。

(3)将车辆停放至工位,拉起驻车制动器操纵杆、挂P挡(手动变速器挂空挡),安装防护五件套,拉发动机舱盖释放杆。

(4)打开发动机舱盖,安装翼子板布和前格栅布。

2 更换制动液

(1)将清洁的抹布放在制动主缸下方以防止制动液溢出。

(2)当点火开关置于OFF(关闭)位置且制动器处于冷态时,踩下制动踏板3~5次,或直到制动踏板力明显增大,以耗尽制动助力器储备的能量。

(3)拆下制动主缸储液罐盖,检查制动液液面高度,若液面过低则检查整个液压系统是否存在泄漏,管路是否破损、变形等情况。

(4)用存放在清洁的、密封的制动液容器中的制动液,加注制动主缸储液罐至最满位置,如图5-3所示。

(5)将合适的方头扳手安装至右后车轮液压回路放气阀上,将透明软管安装至放气阀端口,将透明软管的开口端浸入透明容器中,该容器加注部分新的制动液,如图5-4所示。

图5-3 加注制动液

图5-4 安装制动液排放工具

(6)松开放气阀,同时不停地踩下制动踏板,直至软管中出油清亮并且无气泡出现后停止,拧紧放气阀,如图5-5所示。

图5-5 更换制动液

（7）按此方法依次对左前－左后－右前的顺序对各车轮液压回路进行换油，在换油的同时注意观察制动主缸储液罐中制动液液面高度，若液面较低则需及时添加制动液，确保无空气进入制动系统中。

（8）检查制动液液面高度，偏低则需加注制动主缸储液罐至最满位置。

（9）安装制动主缸储液罐盖。

（10）缓慢地踩下并松开制动踏板。注意制动踏板感觉，如果制动踏板感觉绵软，则检查制动系统是否存在外部泄漏，如装备了防抱死制动系统，则使用故障诊断仪，执行防抱死制动系统自动排气程序，以清除制动压力调节阀中可能夹带的所有空气。

（11）在发动机关闭的情况下，将点火开关置于ON（打开）位置。查看制动系统警告灯是否保持点亮（图5-6），如果制动系统警告灯保持点亮，则禁止车辆行驶，直到对其完成诊断和修理。

图5-6　检查制动系统警告灯

3 整理现场

（1）收回翼子板布、前格栅布和防护五件套，关闭发动机舱盖，锁好车门。
（2）清洁地面，将工具清洁并归回原位。

4 路试

踩下制动踏板时，制动生效；松开制动踏板，无拖滞现象。

二、实施作业

检查制动液，根据检查结果判断是否更换制动液，并更换制动液。

要求：

（1）根据收集和查阅资料完成"检查和更换制动液工作任务书"（表5-2）的制定。

（2）两人合作按照工艺完成实践操作，将作业过程和检查的数据进行记录，其中"操作记录"一栏对于完成的工序打"√"，"数据记录"一栏填写检查的数据或关键的数据，例如拧紧力矩、液面高度等。

检查和更换制动液工作任务书 表 5-2

作业名称			作业时间		作业人	
作业条件							
工具			量具	设备		材料	

工序及过程记录

序号	作业项目		操作记录	数据记录
1	准备工作	(1)		
2		(2)		
3	制动液液面高度检查	(1)		
4		(2)		
5	制动液检查	(1)		
6		(2)		
7		(3)		
8	排放制动液	(1)		
9		(2)		
10		(3)		
11		(4)		
12		(5)		
13		(6)		
14	添加制动液	(1)		
15		(2)		
16	检查制动液液面高度	(1)		
17		(2)		
18		(3)		
19	5S	(1)		
20		(2)		

小结：找出在操作过程中出现的问题，分析原因，提出解决措施

三、评价反馈

根据实际操作情况评价，填写表 5-3。

检查和更换制动液作业考核表　　　　　表5-3

日期		操作时间		考评人		
工作过程评价							
对车辆进行制动液检查和更换，操作时间为25min，完成工作过程记录，考核结束后，进行情景会话							
序号	考核项目	评分指标	配分	评分标准	得分
1	作业前准备	工作任务书编制	10	未准备扣5分	
2	领取材料	(1)材料选择正确； (2)用量准确	5	每次错误扣1分	
3	制动液液面高度检查	(1)检查制动液液位； (2)检查结果正确	4	每次错误扣2分，扣完为止	
	制动液检测	(1)拆卸制动液储液罐盖采取安全保护措施； (2)制动液检测仪的使用； (3)测试结果正确	6	每次错误扣2分，扣完为止	
	排放制动液	(1)举升机使用正确； (2)排放方法正确； (3)制动液无大量撒漏； (4)撒漏后处理方式正确	6	每次错误扣2分，扣完为止	
	添加制动液	(1)添加量正确； (2)添加后进行液面检查	4	每次错误扣2分，扣完为止	
4	步骤	步骤完整，没有遗漏，无逻辑错误	15	每次错误扣5分，扣完为止	
5	5S	(1)工作场地始终保持干净； (2)工具始终干净，摆放整齐； (3)所有物品恢复原状	5	每次错误扣2分，扣完为止	
6	安全文明生产	(1)遵守安全操作规程，正确使用工具； (2)无任何人身伤害和设备的损坏	10	不文明或野蛮操作，每次扣5分，扣完为止，情节严重者停止操作，违规操作发生重大事故，此项记0分	
7	情景问答	提出2个与本学习任务有关的问题	10	每题5分，酌情扣分	
8	任务书填写	(1)内容正确、完整； (2)字迹工整、清晰	10	每次错误扣1分，扣完为止	
9	时间	(1)操作时间为25min； (2)小结时间不计算操作时间	—	每超时1min扣2分	
10	小结	(1)总结全面，能分析错误原因； (2)不弄虚作假，抄袭，自行完成	10	(1)发现抄袭，弄虚作假，本项记0分； (2)结合实际内容酌情扣分	
		总计	100		
评语					

四、学习拓展

1 选择题

(1)连续踏几次制动踏板后,踏板能升高,但踏制动踏板感觉有弹性,则可能是(　　)。
　　A.主缸皮碗破损　　　　B.液压制动系统中渗入空气或制动液受热汽化
　　C.液压系统中有渗漏　　D.以上三项都正确
(2)现代汽车的制动液多为合成型制动液,主要类型有(　　)。
　　A.醇醚型　　　　　　B.酯型　　　　　　C.硅油型
(3)制动液更换的周期是(　　)。
　　A.4万km或者2年　　B.3万km　　　　C.终身免换　　　　D.1年

2 判断题

(1)制动管路中有空气或者管壁积垢太厚会导致制动效能不良。　　　　　　　(　　)
(2)同一生产厂家生产的DOT3制动液和DOT4制动液可以通用。　　　　　　　(　　)
(3)连续踩踏制动踏板,每次都可以一下踩到底且无力,这是因为制动系统渗入空气或者制动液汽化。　　　　　　　　　　　　　　　　　　　　　　　　　　　　　(　　)
(4)对于装有真空助力器制动系统,排除系统空气的顺序,应先从离制动主缸最近地方开始,然后再排离制动主缸远的轮缸的空气。　　　　　　　　　　　　　　　(　　)

3 简答题

(1)如何对制动系统进行排气?
(2)制动液含水率高会导致哪些故障?为什么?

子任务 2　检查制动操纵机构

学习目标

完成本任务学习后,你应该掌握1个知识点和2个技能点。
1.制动操纵机构的结构、作用和工作原理;
2.会检查和调整制动踏板行程;
3.会进行制动踏板的密封性和真空助力功能的检查。

 建议完成本任务的时间为**2课时**。

 学习任务

案例:某日,王先生驾驶科鲁兹轿车进行制动时发现制动踏板虚位变长,驾驶信心不足,递到特约维修站进行检查。

请你通过学习和训练,完成车辆制动操纵机构检查和调整作业。

一、资料收集

引导问题1 汽车行车制动系统的作用和结构是怎样的?

制动系统组成

汽车制动系统包括行车制动和驻车制动两大部分(图5-7)。行车制动系统用于行驶中的车辆减速或停车,通常由驾驶人用脚操纵,只能间歇、短时间地工作,一般由制动器和制动操纵机构组成。

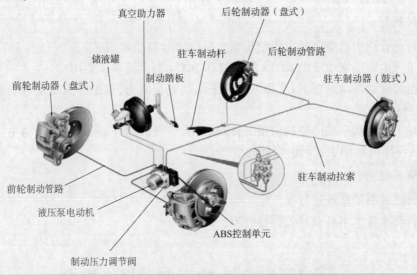

图5-7 汽车制动系统

制动操纵机构必须包括制动控制装置、传能装置和制动警告装置,必要时可增加供能装置及制动力分配机构。本节讲述的制动踏板属于制动操纵机构装置的一个部分。

引导问题2 制动踏板行程是怎样的?

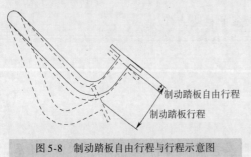

图5-8 制动踏板自由行程与行程示意图

制动踏板就是将驾驶人脚施加在踏板上传递到真空助力器的一个杠杆元件,一端固定在踏板底座上,一端与真空助力器推杆相连,同时还有制动开关也于此相接触,以获取制动信号。

为了防止制动器太紧、过热时的制动失灵,制动踏板一般会留有一个自由行程(图5-8),在该行程中踩下制动踏板制动系统不生效,该行程包含了制动踏板与真空助力器推杆之间的间隙,主缸中推杆与活塞之间的间隙,主缸活塞之间的空行程以及制动蹄片与制动鼓之间的间隙。

制动踏板的实际工作行程,指制动踏板从制动蹄片与制动鼓间隙接触到制动过程结束所踩下的行程,包含制动器、制动软管、各种比例阀和制动钢管的刚性等引起的行程变化。由于该行程与踩制动踏板力的大小有关,且受测试状态影响较大,所以一般采用在静态、无真空助力、特定大小的力的情况下测定。

引导问题3 真空助力器的作用是什么?结构是怎样的?

为了减轻驾驶人的体力,可在一般的液压制动系统的基础上增加一套助力装置,构成助力式制动操纵机构。在正常情况下,它兼用驾驶人的体力和发动机的动力来制动,而在助力装置失效时,靠驾驶人的体力仍能有效地进行制动。

目前,轿车上广泛使用真空助力式液压制动系统(图5-9)。该系统在制动踏板机构和制动主缸之间增设真空助力器,一起固定在车身的前围板上。制动时,制动踏板机构直接操纵真空助力器,两者联合推动制动主缸产生制动力。

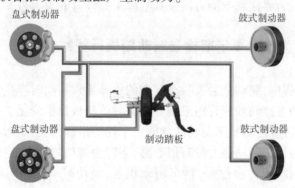

图5-9 真空助力式液压制动系统

真空助力器内部有薄而宽的活塞,通过固定在活塞上的膜片将空气室和负压室隔离。负压室和发动机进气管(或者真空泵)相通。复位弹簧安装在负压室的推杆上和推杆一起运动。橡胶阀门与在膜片座上加工出来的阀座组成真空阀,与控制阀柱塞的大气阀座组成大气阀。真空阀将负压室与空气室相连,空气阀将空气室和外界空气相连。发动机不工作则真空助力器不工作。

引导问题4 真空助力器的工作过程是怎样的?

当踩下制动踏板,真空阀关闭,空气阀打开,空气进入空气室,使空气室压力大于负压室压力(负压室内的空气被吸进发动机进气管,产生负压),活塞向前运动。于是带动制动主缸内的活塞运动,产生制动油压,如图5-10a)所示。

松开制动踏板,助力器活塞在复位弹簧的作用下恢复到原来的位置,制动踏板推杆也往回运动,空气阀关闭,真空阀打开,使真空室和空气室相通。其他制动机构也恢复到原来的位置,制动油压下降,制动解除,如图5-10b)所示。

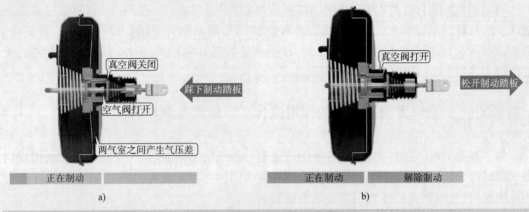

图5-10 真空助力器工作原理示意图

当真空助力器或真空源失效时,作用于主缸推杆上的力取决于驾驶人对制动踏板施加的踏板力,但这时踏板力要比真空助力器或真空源未失效时的力大得多。

引导问题5 为什么要定期检查制动踏板行程?

在汽车的使用过程中,制动液会吸收空气中的水分导致制动时产生水蒸气、制动器间隙自调整功能失效、制动主缸缺油和管路渗漏等均会导致踏板行程变化。

液压制动踏板的行程是对整车制动性能的一个评价指标,制功踏板行程过长,客户会明显感觉制动性能差,对行车制动能力没有信心感,同时会增加驾驶人的疲劳感且不符合人机工程的设计要求;制动踏板行程过短,整车制动粗暴,制动时乘客的前倾感严重,舒适感下降,所以需要定期检查制动踏板行程。

引导问题6 如何检查制动操纵机构?

1 作业前准备

(1)开始工作之前,检查车辆驻车制动操纵杆是否拉起、变速杆是否处于P挡、车轮挡块是否安装正确、车辆是否停放稳固。
(2)检查常用工具、防护套件、工单等是否准备齐全。
(3)安装驾驶室防护五件套。

2 测量制动踏板行程

(1)点火开关置于OFF(关闭)位置且制动器处于冷态时,踩下制动踏板3～5次,或直到制动踏板变得坚实,以耗尽真空制动助力器储备的能量。

(2)制动踏板在自由状态下测量并记录制动踏板至转向盘轮缘的距离,记录测量点,如图 5-11 所示。

(3)用力(445N)踩下制动踏板直至无法下沉的位置,保持,测量并记录从制动踏板上相同点到转向盘轮缘上相同点之间的距离,如图 5-11 所示。

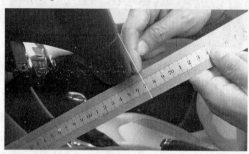

a)未踩下制动踏板的初始状态

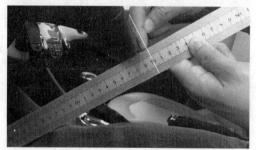

b)完全踩下制动踏板的测量状态

图 5-11　制动踏板行程测量

(4)松开制动器操纵杆,并重复步骤(3),获得第 2 个测量值。将两次施加制动器时记录的 2 个测量值进行平均。从施加制动时的平均测量值中减去未施加制动时的初始测量值,以获得制动踏板的行程距离。

(5)查阅维修手册,将测量值与标准值进行对比,若不合格,则进行相应的检查与维修。

3 真空助力功能检查

(1)在发动机未起动状态下踩压制动踏板数次,以消除真空助力器的全部残余真空度,使踏板高度无变化。

(2)踩住制动踏板不动,并起动发动机,检查制动踏板是否继续下沉,如图 5-12 所示。若制动踏板略为下沉,说明真空助力器助力功能正常;如制动踏板不动,则助力器无助力作用。此时,应首先检查真空源是否提供了一定的真空度,然后检查真空管路、止回阀及真空助力器。

4 负荷密封性能检查

(1)起动发动机,使发动机怠速运转 1~2min。

(2)踩下制动踏板数次。

图5-12 检查真空助力功能

（3）使制动踏板处于最低位置，并在保持制动踏板力不变的情况下，停止发动机运转，检查制动踏板高度，如图5-13所示。若发动机提供的真空度正常，而制动踏板高度在30s内无变化，则说明真空助力器密封性能良好。如制动踏板有明显的回升现象，则真空助力器有漏气故障。

图5-13 检查负荷密封性

5 密封性能检查

（1）起动发动机，运转1~2min后关闭发动机。

（2）以常用制动踏板力踩制动踏板若干次，每次踩制动踏板的间隔时间应在5s以上，检查制动踏板高度，如图5-14所示。制动踏板高度若一次比一次高，则表明真空助力器密封性能良好；否则，应检查发动机真空供给情况。若发动机运转时，提供的真空度正常，则表明真空助力器密封不良，应检修真空助力器。

图5-14 检查真空助力器密封性

6 整理现场

（1）整理、清洁工具。

（2）取下车钥匙，收回驾驶舱防护套丢弃至分类垃圾桶。

（3）清洁地面。

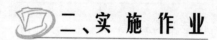二、实 施 作 业

完成制动操纵机构检查作业。

要求：

（1）根据"学习资料"和查阅资料完成"制动操纵机构检查"（表5-4）工作任务书的制定。

制动操纵机构检查工作任务书　　　　　　　　　　表5-4

作业名称			作业时间		作业人	
作业条件						
工具		量具		设备		材料
工序及过程记录						
序号	作业项目			操作记录		数据记录
1	准备工作	（1）车辆防护				
		（2）				
2	测量制动踏板行程	（1）				
		（2）				
		（3）				
		（4）				
		（5）				
		（6）				
		（7）查阅资料,分析确定是否需要进行调整			是　否	
3	真空助力器检查	（1）				
		（2）				
		（3）				
		（4）				
		（5）				
		（6）				
		（7）				
4	5S	（1）				
		（2）				
小结：找出在操作过程中出现的问题,分析原因,提出解决措施						

(2)两人合作按照工艺完成实践操作,将作业过程和检查的数据进行记录,其中"操作记录"一栏对于完成的工序打"√","数据记录"一栏填写检查的数据或关键的数据,例如制动踏板行程等。

三、评价反馈

根据实际操作情况评价,填写表5-5。

制动操纵机构检查工作考核表　　　　　　表5-5

日期		操作时间		考评人		
工作过程评价							
对车辆进行制动操纵机构检查,操作时间为15min,完成工作过程记录,考核结束后,进行情景会话							
序号	考核项目	评分指标	配分	评分标准	得分
1	作业前准备	工作任务书编制	10	未准备扣5分	
2	制动踏板高度检查	(1)是否关闭点火开关,踩制动踏板3~5次耗尽真空制动助力器储备的能量; (2)测量方法及位置正确; (3)计算获得制动踏板的行程距离; (4)查找维修手册,与标准值进行对比	10	每次错误扣2分,扣完为止	
3	真空助力器检查	(1)检查方法正确; (2)会正确判断检查结果; (3)能简要分析故障原因	20	每次错误扣2分,扣完为止	
4	步骤	步骤完整,没有遗漏,无逻辑错误	15	每次错误扣5分,扣完为止	
5	5S	(1)工作场地始终保持干净; (2)工具始终干净,摆放整齐; (3)所有物品恢复原状	5	每次错误扣2分,扣完为止	
6	安全文明生产	(1)遵守安全操作规程,正确使用工具; (2)无任何人身伤害和设备的损坏	10	不文明或野蛮操作,每次扣5分,扣完为止,情节严重者停止操作,违规操作发生重大事故,此项记0分	
7	情景问答	提出与本学习任务有关的问题2个	10	每题5分,酌情扣分	
8	任务书填写	(1)内容正确、完整; (2)字迹工整、清晰	10	每次错误扣1分,扣完为止	
9	时间	(1)操作时间为15min; (2)小结时间不计算操作时间	—	每超时1min扣2分	
10	小结	(1)总结全面,能分析错误原因; (2)不弄虚作假、抄袭,自行完成	10	(1)发现抄袭,弄虚作假,本项记0分; (2)结合实际内容酌情扣分	
		总计	100		
评语						

四、学习拓展

1 选择题

(1) 制动踏板无自由行程或主缸复位弹簧折断或失效,造成(　　)。
　　A. 制动不灵　　　B. 制动拖滞　　　C. 制动噪声　　　D. 制动跑偏
(2) 制动踏板自由行程过大会(　　)。
　　A. 制动不灵　　　B. 制动拖滞　　　C. 甩尾　　　　　D. 制动失效
(3) 真空助力器安装在制动主缸(　　),制动踏板之前。
　　A. 之后　　　　　B. 之前　　　　　C. 左面　　　　　D. 右面

2 判断题

(1) 制动踏板自由行程过大,会造成制动不灵。　　　　　　　　　　　　　　(　　)
(2) 踩下制动踏板,车辆不减速,即使连续踩几下制动踏板也无明显减速作用的现象称为"制动失效"。　　　　　　　　　　　　　　　　　　　　　　　　　(　　)
(3) 液压制动系统最好没有自由行程。　　　　　　　　　　　　　　　　　　(　　)
(4) 真空助力器失效时,汽车行车制动也随之失效。　　　　　　　　　　　　(　　)

3 简答题

如何检查真空助力器的功能?

子任务3　拆检鼓式制动器

学习目标

完成本任务学习后,你应该掌握2个知识点和1个技能点:
1. 鼓式制动器的类型、结构和工作原理;
2. 鼓式制动器拆检的原因、周期;
3. 会进行制动蹄和制动鼓的检查。

 建议完成本任务的时间为 **6** 课时。

 学习任务

案例:张先生到店进行车辆维护,并与服务顾问提及该车制动距离变长,制动力下降。据分析可能是后轮制动器制动力不足所致。

请你通过学习和训练,完成制动鼓和制动蹄的检查,根据检查结果分析是否需要更换。

一、资料收集

引导问题1 　现代家用汽车鼓式制动器常用类型的结构是怎样的？

现在配备鼓式制动器的家用车型越来越少，只有少部分小型车或者越野车装备，这些车型上配备的多为双向自增力式鼓式制动器。双向自增力式鼓式制动器的结构，如图5-15所示。其特点是制动鼓正向和反向旋转式均能借制动蹄与制动鼓之间的摩擦起自增力作用。它采用了双活塞式制动轮缸，制动鼓正向旋转时，前制动蹄为第一制动蹄，后制动蹄为第二制动蹄；制动鼓反向旋转时则情况相反，它们都起到相同的增力效果。

双向自增力制动器主要由制动轮缸、制动蹄、摩擦片、复位弹簧、可调节螺杆等组成。

制动鼓

鼓式制动器基本结构

鼓式制动器工作原理

图5-15　双向自增力式制动器结构和原理

1 制动鼓

制动鼓的基本形状呈鼓形，在安装面有连接孔。目前在家用汽车上主要有两种结构形式，一种是制动鼓由钢板冲压的鼓盘与铸铁鼓圈两部分组成一体；一种是制动鼓主体为轻合金材料（如铝合金等），内衬入铸铁衬圈。

2 制动蹄

制动蹄片一般由铁衬板和摩擦材料两部分组成。

为了环保的需要，现今汽车上制动器的摩擦材料多用无石棉的有机或无机材料，无机摩擦材料可以是半金属材料（金属纤维和粉末的含量在40%以上）、陶瓷金属材料；有机摩擦材料是以高强度纤维芳纶等为主料加以其他辅料模压而成的复合材料。

引导问题2 　为什么安装鼓式制动器的间隙自调装置？

制动器在不工作时，制动蹄和制动鼓之间应当有合适的间隙，设定值由制造厂规定，一般鼓式制动器间隙为0.4～0.9mm，制动器在使用过程中，随着摩擦片的磨损，制动器间隙会变大，制动器反应时间过长，直接威胁行车安全，要求制动器必须有检查和调整间隙的可能，现在很多汽车的制动器都装有制动器间隙自动调整装置,它可以保证制动器间隙始终处于最佳状态,不必经常人工检查和调整,但也有部分载货汽车鼓式制动器的间隙仍采用手工调整。

引导问题3 为什么需要定期检查制动蹄?

鼓式制动器在使用的过程中,制动蹄和制动鼓的主要消耗形式是磨损,当磨损到一定极限就会使制动器的制动效能急剧下降,一般情况下摩擦材料厚度小于1.6mm(不同车型值也不一样)就视为磨损至极限需要更换。

鼓式制动器在使用过程中还会受到高温、机械故障导致制动蹄出现死灰现象、淬火甚至变形或断裂,制动鼓出现淬火、偏磨、变形和出现裂纹甚至破裂。

虽然正常磨损具有一定的规律,但是根据个人驾驶习惯不同,使用环境不同,磨损的程度也会发生变化,加上上述毫无规律出现的故障,均会导致制动系统工作不良甚至失效,有较大的安全隐患,所以必须定期对鼓式制动器进行检查。

引导问题4 如何检查鼓式制动器?

鼓式制动器的拆检

1 准备工作

(1)开始工作之前,检查车辆驻车制动操纵杆是否拉起、变速杆是否处于P挡、车轮挡块是否安装正确、车辆是否停放稳固。

(2)检查常用工具、防护套件、工单等是否准备齐全。

2 拆卸制动鼓

(1)完全释放驻车制动器操纵杆(图5-16)。

思考:为什么需要释放驻车制动器操纵杆?

(2)举升和顶起车辆。

(3)拆下后轮胎和车轮总成(图5-17)。

图5-16 释放驻车制动器

图5-17 拆下后轮胎和车轮总成

(4)拆下制动鼓螺钉(图5-18)。

(5)拆下制动鼓。

(6)清除制动鼓的轮毂/法兰接合表面上的锈蚀(图5-19)。

图5-18 拆下制动鼓螺钉

图5-19 清除锈蚀

3 检查制动鼓

(1)清洁制动鼓的制动蹄摩擦衬片接触面。

(2)检查制动鼓表面是否存在严重锈蚀、点蚀、开裂和/或灼斑、严重变蓝、缺失配重。轻微的表面锈蚀可用砂纸清除;严重表面锈蚀和/或点蚀必须通过修整制动鼓表面清除。

(3)使用闸瓦卡尺测量并记录制动鼓圆周上均匀分布的4个或更多个点的最大直径(图5-20)。务必确保仅在制动蹄摩擦衬片的接触部位进行测量。每次测量时,千分尺都必须放置在距离制动鼓外边缘的同等距离。

图5-20 测量制动鼓内径

(4)将记录的最大直径测量值与制动鼓部件规格相比较。如果制动鼓的最大直径测量值低于表面修整后最大允许内径规格,根据表面状况和磨损情况,可以对制动鼓进行表面修整。如果制动鼓的最大直径测量值等于或大于表面修整后最大允许直径规格,无需对制动鼓进行表面修整。如果制动鼓的最大直径测量值等于或大于报废的直径规格,则更换制动鼓。

4 检查制动蹄

(1)检查鼓式制动器构件和调节构件,是否存在损坏、变形、卡滞等情况,若存在需要进行相应修理。

(2)使用游标卡尺测量制动蹄摩擦衬片的厚度(图5-21)。

(3)将记录的制动蹄摩擦衬片厚度与制动鼓部件规格做比较。如果制动蹄摩擦衬片厚度小于规定值或发现瑕疵,则更换摩擦衬片。

(4)使用游标卡尺测量制动蹄外圆直径(图5-22),使用闸瓦卡尺测量制动鼓内径,计算制动鼓与制动蹄间隙。

图5-21 测量制动蹄摩擦衬片的厚度

图5-22 测量制动蹄外圆直径

5 安装制动鼓

(1)如要安装新的制动鼓,清除制动鼓摩擦表面上的保护涂层。

(2)安装制动鼓。

(3)安装制动鼓螺钉,并紧固至7N·m,如图5-23所示。

(4)安装轮胎和车轮总成。

(5)降下车辆。

(6)踩下制动器踏板约3次,以便安装和对中制动鼓中的制动蹄并恢复制动,如图5-24所示。

图5-23 安装制动鼓螺钉

图5-24 恢复制动

6 整理现场

(1)整理、清洁工具。若车主要求回收旧件,将废弃制动片包好放置在行李舱,若无要求则将制动片放置在指定位置。

(2)取下车钥匙,收回驾驶舱防护套丢弃至分类垃圾桶。

(3)清洁地面。

二、实 施 作 业

完成鼓式制动器检查作业,根据检查结果分析是否需要更换零部件或维修。

要求:

(1)根据"学习资料"和查阅资料完成"拆检鼓式制动器工作任务书"(表5-6)的制定。

拆检鼓式制动器工作任务书　　　　　　　　　　　表 5-6

作业名称		作业时间		作业人	
作业条件					
工具		量具		设备	材料

工序及过程记录				
序号	作业项目		操作记录	数据记录
1	准备工作	(1)		
2		(2)		
3	拆卸制动鼓	(1)		
4		(2)		
5		(3)		
6	检查制动鼓	(1)		
7		(2)		
8		(3)		
9		(4)		
10	检查制动蹄	(1)		
11		(2)		
12		(3)		
13		(4)		
14	安装制动鼓及车轮	(1)		
15		(2)		
16		(3)		
17	5S	(1)		
18		(2)		

小结:找出在操作过程中出现的问题,分析原因,提出解决措施

(2)两人合作按照工艺完成实践操作,将作业过程和检查的数据进行记录,其中"操作记录"一栏对于完成的工序打"√","数据记录"一栏填写检查的数据或关键的数据,例如拧紧力矩、液面高度等。

三、评价反馈

根据实际操作情况评价,填写表 5-7。

拆检鼓式制动器作业考核表　　　　　　　　　　　　表 5-7

日期		操作时间		考评人		
工作过程评价						
对车辆进行鼓式制动器拆检,操作时间为 25min,完成工作过程记录,考核结束后,进行情景会话						
序号	考核项目	评分指标	配分	评分标准		得分
1	作业前准备	工作任务书编制	10	未准备扣 5 分		
2	领取材料	(1)材料选择正确; (2)用量准确	5	每次错误扣 1 分		
	举升机使用	(1)举升机支点安装正确; (2)举升高度合理	5	安装位置不正确扣 5 分,高度不合理扣 3 分		
3	制动鼓检查	(1)检查方法正确; (2)读数准确; (3)会查找资料并进行分析	6	每次错误扣 2 分,扣完为止		
	制动蹄检查	(1)检查方法正确; (2)读数准确; (3)会查找资料并进行分析	8	每次错误扣 2 分,扣完为止		
	鼓式制动器拆装	(1)拆卸方法正确; (2)会查找资料并按照规定力矩拧紧	6	每次错误扣 2 分,扣完为止		
4	步骤	步骤完整,没有遗漏,无逻辑错误	15	每次错误扣 5 分,扣完为止		
5	5S	(1)工作场地始终保持干净; (2)工具始终干净,摆放整齐; (3)所有物品恢复原状	5	每次错误扣 2 分,扣完为止		
6	安全文明生产	(1)遵守安全操作规程,正确使用工具; (2)无任何人身伤害和设备的损坏	10	不文明或野蛮操作,每次扣 5 分,扣完为止,情节严重者停止操作,违规操作发生重大事故,此项记 0 分		
7	情景问答	提出 2 个与本学习任务有关的问题	10	每题 5 分,酌情扣分		
8	任务书填写	(1)内容正确、完整; (2)字迹工整、清晰	10	每次错误扣 1 分,扣完为止		
9	时间	(1)操作时间为 25min; (2)小结时间不计算操作时间	—	每超时 1min 扣 2 分		
10	小结	(1)总结全面,能分析错误原因; (2)不弄虚作假,抄袭,自行完成	10	(1)发现抄袭,弄虚作假,本项记 0 分; (2)结合实际内容酌情扣分		
		总计	100			
评语						

四、学习拓展

1 选择题

(1) 领从蹄式制动器一定是( )。
 A. 等促动力制动器 B. 不等促动力制动器
 C. 非平衡式制动器 D. 以上三个都不对

(2) 下列( )制动器是平衡式制动器。
 A. 领从蹄式 B. 双领蹄式
 C. 双向双领蹄式 D. 双从蹄式

2 判断题

(1) 无论制动鼓正向还是反向旋转时,领从蹄式制动器的前蹄都是领蹄,后蹄都是从蹄。( )

(2) 制动蹄摩擦材料磨损至极限可能导致制动效能下降。( )

(3) 制动鼓圆度超标,在制动时会导致车辆发抖。( )

3 简答题

(1) 简述定期检查鼓式制动器的原因。
(2) 如何测量鼓式制动器内径?测量结果显示为异常该如何处理?

子任务 4　拆检盘式制动器

学习目标

完成本任务学习后,你应该掌握2个知识点和2个技能点:
1. 盘式制动器的结构和原理;
2. 盘式制动器失效分析、更换周期和工艺流程;
3. 会检查和更换制动块、制动盘。

 建议完成本任务的时间为 **6 课时**。

 学习任务

案例:陈女士到店进行车辆维护,并与服务顾问提及该车在制动时前轮会伴有啸叫声,同时制动效果变差。

请你通过学习和训练,完成盘式制动器的检查和不合格零部件更换作业。

一、资料收集

引导问题1 盘式制动器的结构和原理是怎样的?

汽车行车制动系统在工作时,驾驶人踩下制动踏板,制动主缸向各制动轮缸供油,活塞在油压的作用下把固定件制动片/制动蹄压向旋转件制动盘/鼓,通过摩擦将汽车的动能转换成热能释放使得制动盘/鼓减速,实现制动。

盘式制动器主要由制动盘、制动块、制动钳壳体、制动钳支架、前制动轮缸等组成,如图5-25所示。

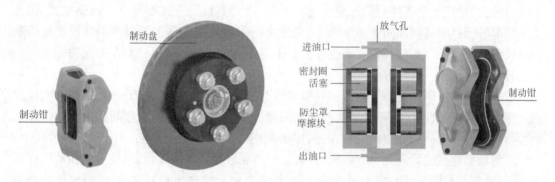

图5-25 盘式制动器结构

1 制动盘

制动盘是盘式制动系统中用以产生阻碍车辆运动或运动趋势制动力的旋转部件,其形状是以两端面工作的金属圆盘,大多采用灰铸铁铸造而成。

制动盘一般有实心盘(单片盘)和通风盘(双片盘)两种(图5-26)。通风盘从外表看,它在圆周上有许多通向圆心的洞空,称为风道。汽车在行驶中通过风道处空气对流,达到散热的目的,比实心盘散热效果要好许多。大部分轿车都是前轮驱动,前轮制动盘使用频率高,磨损较大,故采用前轮通风盘,后轮实心盘(单片盘)的布局形式,部分车型也有前后都是通风盘的。

2 制动块

制动块在汽车的制动系统中是最关键的安全零件,对制动效果的好坏起着决定性的作用。制动块一般由背板、粘结隔热层和摩擦块构成(图5-27),其中隔热层是由不传热的材料组成,目的是隔热;摩擦块是由摩擦用基材、摩擦粘结剂以及调节摩擦性能的添加剂等物质组成,制动时被挤压在制动盘上产生摩擦,从而达到车辆减速制动的目的。

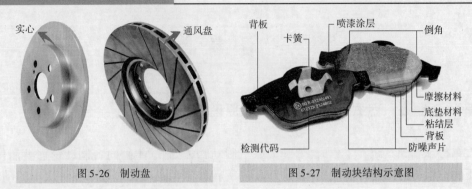

图 5-26　制动盘　　　　　图 5-27　制动块结构示意图

引导问题2　盘式制动器的间隙自调装置是怎样的？

目前，钳盘式制动器的间隙都是自动调节的，而且其自调方式都属于一次调准式，因为受热变形等因素对其制动间隙影响很小，最常见的钳盘式制动器的间隙自调装置就是活塞的橡胶密封圈，除了起密封活塞、防止漏油的作用外，它还起活塞复位弹簧、一次调准式间隙自调装置的作用。

盘式制动器在制动钳体1内的密封槽中装有橡胶密封圈2。在活塞3移动过程中，橡胶密封圈2要产生弹性变形，橡胶密封圈的极限弹性变形量Δ等于制动器间隙的设定值。一般，盘式制动器的制动间隙较小，橡胶密封圈的弹性变形可以满足要求。

若制动器存在过量间隙，则制动时活塞密封圈变形量达到极限值以后，活塞在液压作用下，克服橡胶密封圈2的摩擦力面继续移动，活塞与密封圈产生相对移动，直到实现完全制动为止，解除制动后，橡胶密封圈2将活塞拉回的距离仍然等于Δ，因此制动器间隙即恢复到设定值。密封槽的结构形式有矩形和梯形两种，如图5-28所示。矩形槽中的密封圈变形量比较小，允许制动间隙设定值也相应较小，制动解除后，制动盘与制动块之间易产生拖摩现象。因此很多新车上，密封槽改为梯形，制动间隙加大，制动盘与制动块之间不再有拖摩现象，从而提高了汽车的燃油经济性。但引发的问题是制动踏板行程加大，这可通过采用快充制动主缸加以解决。

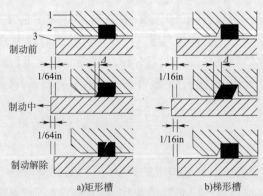

图 5-28　活塞密封圈的工作情况
1-制动钳体；2-橡胶密封圈；3-活塞

引导问题3 为什么要定期检查盘式制动器？

汽车盘式制动器在使用的过程中,制动盘和摩擦块主要的消耗形式是磨损(图5-29),当磨损到一定极限就会使制动器的制动效能急剧下降,一般情况下摩擦块厚度小于2mm就视为磨损至极限需要更换,为此制动块一般会有摩擦块磨损极限报警装置。

当然,在汽车使用过程中,难免会碰到各种不同的极端环境变化,在日常的使用、维护、维修过程中也会因为操作不当带来制动盘和摩擦块的损伤。例如在制动过程中若长时间处于制动状态或制动卡钳不能回位,导致制动块长时间高温,制动块会出现死灰现象;若制动盘处于高温状态遇水,会导致瞬间"淬火";制动卡钳、制动块由于瞬时高温、卡滞等现象还可能导致制动摩擦块断裂、背板变形;金属颗粒物嵌入制动块等导致制动盘异常磨损(图5-30)等现象均会造成制动器工作性能下降或者不能正常工作。

图5-29 制动盘磨损

图5-30 制动盘划痕

综上所述,制动器失效是不定期的,所以必须定期对制动盘进行状态检查,若需要,则进行及时更换;安装过程必须按照规范进行,确保行车安全。

引导问题4 如何检查与更换制动块？

1 准备工作

(1)开始工作之前,检查车辆驻车制动操纵杆是否拉起、变速杆是否处于P挡、车轮挡块是否安装正确、车辆是否停放稳固。

(2)插入点火钥匙,解锁转向盘(图5-31)。

思考:为什么需要解锁转向盘？

(3)检查常用工具、防护套件、工单等是否准备齐全。

(4)安装驾驶室防护五件套,打开发动机舱盖,安装翼子板防护布。

(5)检查制动主缸储液罐中的液位(图5-32)。若液位太高可能会导致制动块无法回位或者制动液渗出,所以只有制动液液位处于最满标记和最低允许液位之间的中间位置,才可进行下一步。

图 5-31　解锁转向盘

图 5-32　检查制动主缸储液罐中的液位

（6）安装举升垫块，在确认安全的情况下举升车辆至高位。

（7）使用风动扳手按照星形顺序拆下轮胎和车轮总成紧固螺栓，将车轮放置在专用支架上。

2　拆卸制动块

（1）绕转向柱转动车轮使制动卡钳露出，使用扳手拆下制动钳下导销螺栓（图 5-33）。

（2）不断开液压制动器挠性软管，向上转动制动钳，并用粗钢丝或同等工具固定制动钳，如图 5-34 所示。在此过程中有可能出现无法将制动钳滑过制动盘的情况，则将 C 形夹钳安装在制动钳体上，使 C 形夹钳的钳嘴抵在制动钳体后部和外部盘式制动块。紧固 C 形夹钳，直到制动钳活塞被压入制动钳孔，足以使制动钳滑过制动盘，然后拆下 C 形夹钳。

图 5-33　拆下制动钳下导销螺栓

图 5-34　用粗钢丝固定制动钳

思考：为什么会存在制动钳无法滑过制动盘的情况？

（3）将制动块从制动钳安装托架上拆下。

（4）使用专用工具将盘式制动器制动钳活塞推入制动钳孔中。

（5）将制动块固定弹簧从制动钳托架上拆下，并彻底清理制动钳托架上的制动块构件接合面处的所有碎屑和腐蚀物。

（6）检查制动钳导销。在支架孔内，里外移动导销，但不能使导销脱离护套，导销应能自由移动，制动钳安装托架无松动。检查导销护套的状况，应无老化、开裂和破损。

3　检查制动块

（1）检查制动块外观是否存在开裂、破损、偏磨，颜色是否正常。

(2)使用游标卡尺在多个点处测量剩余的摩擦块厚度,如图 5-35 所示。

(3)将摩擦块厚度与摩擦块报废厚度(2mm)比较,若测量值接近或低于 2mm,则需与客户沟通确认进行制动块的更换,切不可自作主张进行更换引起不必要的纠纷。

思考:制动块磨损报警铁片相较背板的高度应为多少?

4 更换制动块

(1)在制动块固定件上,涂抹一薄层高温硅润滑剂,将制动块固定弹簧安装至制动钳托架上,如图 5-36 所示。

图 5-35 测量剩余的摩擦块厚度

图 5-36 安装制动块

(2)将新的制动块安装至制动钳托架,装有盘式制动块的磨损传感器必须安装至制动盘的内侧,且前轮转动时传感器的前边缘面向制动盘或者安装至车辆位置时固定在制动块的顶部。

(3)取下挂钩,放下制动钳,使其越过盘式制动块至制动钳安装托架,螺纹孔对齐即可。

(4)安装制动钳导销下螺栓,使用扭力扳手将其紧固至 28N·m。

(5)绕转向柱转动车轮使制动盘垂直于传动轴,安装轮胎和车轮总成,使用扳手按星形顺序预紧固螺栓。

(6)确认安全的情况下操作举升机,降下车辆至低位,使用扭力扳手按星形顺序紧固车轮总成螺栓至 90N·m。

(7)不起动发动机,逐渐踩下制动踏板至其行程约 2/3 处。

(8)缓慢地松开制动踏板。

(9)等待 15s,然后再次逐渐踩下制动踏板至其行程约 2/3 处直到制动踏板坚实。这将使制动钳活塞和制动块正确就位。

(10)检查制动主缸储液罐中的液位,制动液液位应处于最满标记和最低允许液位之间的中间位置,一般情况下更换新制动块后液位会有所上升。

思考:为什么更换新制动块后制动主缸储液罐中的液位会有所上升?

5 整理现场

(1)收回翼子板防护布并折叠整齐放回规定位置,关闭发动机舱盖。

(2)整理、清洁工具。若车主要求回收旧件,将废弃制动块包好放置在行李舱,若无要求,则将制动块放置在指定位置。

(3) 取下车钥匙,收回驾驶舱防护套丢弃至分类垃圾桶。
(4) 清洁地面。

思考: 经过检查,请你分析陈女士的汽车制动系统出现故障的原因有哪些?

引导问题5　如何检查与更换制动盘?

1 准备工作

(1) 开始工作之前,检查车辆驻车制动操纵杆是否拉起、变速杆是否处于P挡、车轮挡块是否安装正确、车辆是否停放稳固。
(2) 插入点火钥匙,解锁转向盘。
(3) 检查常用工具、防护套件、工单等是否准备齐全。
(4) 安装驾驶室防护五件套,打开发动机舱盖,安装翼子板防护布。
(5) 检查制动主缸储液罐中的液位。若液位太高可能会导致制动块无法回位或者制动液渗出,所以只有制动液液位处于最满标记和最低允许液位之间的中间位置,才可进行下一步。
(6) 安装举升垫块,在确认安全的情况下举升车辆至中位。
(7) 使用风动扳手按照星形顺序拆下轮胎和车轮总成紧固螺栓,将车轮放置在专用支架上。

2 拆卸制动盘

(1) 拆下并报废制动钳托架螺栓(图5-37),将制动钳和制动钳安装托架作为一个总成从转向节上拆下,并用粗钢丝或同等工具支撑总成,确保液压制动挠性软管没有承受张紧力。在此过程中有可能出现无法将制动钳滑过制动盘的情况,处理方法已经在上一讲阐述,不再细述。
(2) 拆下制动盘定位螺钉,将制动盘从轮毂上拆下,如图5-38所示。

图5-37　拆下制动钳托架螺栓

图5-38　拆下制动盘定位螺钉

3 制动盘厚度与偏差测量

(1) 使用抹布仔细清洁制动盘的摩擦面,若有锈迹可使用细砂纸轻拭。

(2)将制动盘圆周4等分,使用记号笔或同等工具在制动盘上做好标记。

(3)使用直尺或同等工具在4等分标记处,测量距离制动盘边缘13mm的位置做标记,以确保在摩擦面内进行测量,如图5-39所示。

(4)使用千分尺在上述标记处测量制动盘厚度并进行记录(图5-40),将最小厚度测量值与盘式制动器组件规格相比较。如果制动盘的最小厚度测量值等于或低于报废厚度规格(23mm),则制动盘需要更换。

图5-39 定位测量点

图5-40 测量制动盘厚度

(5)计算所记录的最高和最低厚度测量值之差,得出厚度偏差值。如果制动盘厚度偏差测量值超过规格(0.006mm),则制动盘需要进行表面修整或更换。

4 预安装新制动盘

(1)彻底清理轮毂/车桥法兰接合面和制动盘接合面、安装面上的锈蚀或腐蚀物。检查轮毂/车桥法兰接合面和制动盘的接合面,确保没有异物或碎屑。

思考:轮毂/车桥法兰接合面若未清理干净可能会导致什么故障?

(2)将制动盘安装至轮毂/车桥法兰,安装制动盘定位螺钉,并紧固至9N·m。

5 测量端面圆跳动量

(1)将制动盘锥形垫圈之一和一个带耳螺母安装至位置最高的车轮双头螺柱(图5-41),然后将其余的制动盘锥形垫圈和带耳螺母安装在车轮双头螺柱上,并按星形顺序手动紧固螺母。

(2)使用制动盘固定工具和扭力扳手按星形顺序将带耳螺母紧固至规定值90N·m。

思考:为什么需要将制动盘使用锥形垫圈和带耳螺母紧固至90N·m?

(3)将磁性表座或同等工具安装至减振器筒,并放好千分表,要求千分表与制动盘摩擦面以90°角接触,且距离制动盘外边缘约13mm,如图5-42所示。

(4)转动制动盘,直到千分表读数达到最小,将千分表归零,如图5-43a)所示。

(5)转动制动盘,直到千分表读数达到最大,读取并记录该值,如图5-43b)所示。相对于最接近的车轮双头螺柱,标记最高点的位置。

(6)将制动盘装配后端面圆跳动量与盘式制动器组件规格相比较。如果制动盘装配后端面圆跳动量的测量值符合规格,则继续安装,否则需进行相关的维修直至端面圆跳动量合格。

图5-41 固定制动盘

图5-42 安装测量工具

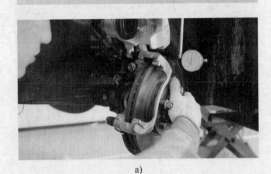
a)

b)

图5-43 测量制动盘端面圆跳动量

思考：若端面圆跳动量的值偏大，可能是由于哪些原因导致的？

6 安装其他部件

（1）取下挂钩，将制动钳和制动钳托架作为一个总成安装至转向节。

（2）安装新的制动钳托架螺栓，并在第一遍将其紧固至100N·m，再紧固60°~75°。

（3）踩几下制动踏板，以便使制动盘固定到位，具体方法参见"检查与更换制动块"。

（4）使用制动盘固定工具和风动扳手按星形顺序拆下车轮紧固螺栓，然后拆下制动盘锥形垫圈。

（5）绕转向柱转动车轮使制动盘垂直于传动轴，安装轮胎和车轮总成，使用扳手按星形顺序预紧固定螺栓。

（6）确认安全的情况下操作举升机，降下车辆至低位，使用扭力扳手按星形顺序紧固车轮总成螺栓至90N·m。

（7）不起动发动机，逐渐踩下制动踏板至其行程约2/3处。

（8）缓慢地松开制动踏板。

（9）等待15s，然后再次逐渐踩下制动踏板至其行程约2/3处直到制动踏板坚实。这将使制动钳活塞和制动块正确就位。

7 整理现场

（1）收回翼子板防护布并折叠整齐放回规定位置，关闭发动机舱盖。

(2)整理、清洁工具。若车主要求回收旧件,将废弃制动块包好放置在行李舱,若无要求,则将制动块放置在指定位置。

(3)取下车钥匙,收回驾驶舱防护套丢弃至分类垃圾桶。

(4)清洁地面。

二、实 施 作 业

(1)检查和更换前盘式制动器制动块。

要求:

①根据"学习资料"和查阅资料完成"检查和更换前盘式制动器制动块工作任务书"(表5-8)的制定。

检查和更换前盘式制动器制动块工作任务书　　　　表5-8

作业名称			作业时间		作业人	
作业条件						
工具		量具		设备		材料
工序及过程记录						
序号	作业项目				操作记录	数据记录
1	准备工作	(1)				
2		(2)				
3		(3)				
4		(4)				
5	拆卸制动块	(1)				
6		(2)				
7		(3)				
8		(4)				
9		(5)				
10		(6)				
11	检查制动块	(1)				
12		(2)				
13		(3)				
14		(4)				
15		(5)				
16		(6)				

续上表

序号	作业项目		操作记录	数据记录
17	更换和安装制动块	(1)		
18		(2)		
19		(3)		
20	恢复制动器及清理现场	(1)		
21		(2)		
22		(3)		
23	5S	(1)		
24		(2)		

小结：找出在操作过程中出现的问题，分析原因，提出解决措施

②两人合作按照工艺完成实践操作，将作业过程和检查的数据进行记录，其中"操作记录"一栏对于完成的工序打"√"，"数据记录"一栏填写检查的数据或关键的数据，例如拧紧力矩、液面高度等。

(2) 检查和更换前盘式制动器制动盘。

要求：

①根据"学习资料"和查阅资料完成"检查和更换前盘式制动器制动盘工作任务书"(表5-9)的制定。

检查和更换前盘式制动器制动盘工作任务书　　　　表5-9

作业名称		作业时间		作业人	
作业条件					
工具		量具		设备	材料

工序及过程记录				
序号	作业项目		操作记录	数据记录
1	准备工作	(1)		
2		(2)		
3	制动块的拆卸	(1)		
4		(2)		

续上表

序号	作业项目		操作记录	数据记录
5	检查前制动盘厚度	(1)		
6		(2)		
7		(3)		
8		(4)		
9		(5)		
10		(6)		
11	检查前制动盘端面圆跳动量	(1)		
12		(2)		
13		(3)		
14		(4)		
15		(5)		
16		(6)		
17	安装前制动盘	(1)		
18		(2)		
19		(3)		
20	安装其他部件及恢复场地	(1)		
21		(2)		
22		(3)		
23	5S	(1)		
24		(2)		
小结：找出在操作过程中出现的问题，分析原因，提出解决措施				

②两人合作按照工艺完成实践操作，将作业过程和检查的数据进行记录，其中"操作记录"一栏对于完成的工序打"√"，"数据记录"一栏填写检查的数据或关键的数据，例如拧紧力矩、液面高度等。

三、评价反馈

（1）根据实际操作情况评价，填写表5-10。

检查和更换前盘式制动器制动块作业考核表　　　　表5-10

日期		操作时间		考评人		
工作过程评价						
对车辆进行前盘式制动器制动块更换和检查,操作时间为15min,完成工作过程记录,考核结束后,进行情景会话						
序号	考核项目	评分指标	配分	评分标准		得分
1	作业前准备	工作任务书编制	10	未准备扣5分		
2	领取工量具	(1)工具选择正确; (2)量具选择准确	5	每次错误扣1分		
3	举升机使用	(1)举升机支点安装正确; (2)举升高度合理	5	安装位置不正确扣5分,高度不合理扣3分		
3	制动器制动块的拆卸	拆卸方法正确	6	每次错误扣2分,扣完为止		
3	制动块的检查	(1)会使用千分尺或钢直尺; (2)检查方法正确	8	每次错误扣2分,扣完为止		
3	制动块的安装	(1)安装方法正确; (2)安装后制动器归位	6	每次错误扣2分,扣完为止		
4	步骤	步骤完整,没有遗漏,无逻辑错误	15	每次错误扣5分,扣完为止		
5	5S	(1)工作场地始终保持干净; (2)工具始终干净,摆放整齐; (3)所有物品恢复原状	5	每次错误扣2分,扣完为止		
6	安全文明生产	(1)遵守安全操作规程,正确使用工具; (2)无任何人身伤害和设备的损坏	10	不文明或野蛮操作,每次扣5分,扣完为止,情节严重者停止操作,违规操作发生重大事故,此项记0分		
7	情景问答	提出2个与本学习任务有关的问题	10	每题5分,酌情扣分		
8	任务书填写	(1)内容正确、完整; (2)字迹工整、清晰	10	每次错误扣1分,扣完为止		
9	时间	(1)操作时间为15min; (2)小结时间不计算操作时间	—	每超时1min扣2分		
10	小结	(1)总结全面,能分析错误原因; (2)不弄虚作假,抄袭,自行完成	10	(1)发现抄袭,弄虚作假,本项记0分; (2)结合实际内容酌情扣分		
总计			100			
评语						

(2)根据实际操作情况评价,填写表 5-11。

检查和更换前盘式制动器制动盘作业考核表　　　表 5-11

日期			操作时间		考评人	
工作过程评价						
对车辆进行前盘式制动器制动盘检查和更换,操作时间为 15min,完成工作过程记录,考核结束后,进行情景会话						
序号	考核项目	评分指标		配分	评分标准	得分
1	作业前准备	工作任务书编制		10	未准备扣 5 分	
2	领取材料	(1)材料选择正确; (2)用量准确		5	每次错误扣 1 分	
3	举升机使用	(1)举升机支点安装正确; (2)举升高度合理		5	安装位置不正确扣 5 分,高度不合理扣 3 分	
	制动盘的拆卸	(1)拆卸方法正确; (2)工具使用正确		6	每次错误扣 2 分,扣完为止	
	制动盘的检查	(1)量具会使用; (2)检测方法正确		8	每次错误扣 2 分,扣完为止	
	安装制动盘及附件	(1)安装方法正确; (2)制动器归位		6	每次错误扣 2 分,扣完为止	
4	步骤	步骤完整,没有遗漏,无逻辑错误		15	每次错误扣 5 分,扣完为止	
5	5S	(1)工作场地始终保持干净; (2)工具始终干净,摆放整齐; (3)所有物品恢复原状		5	每次错误扣 2 分,扣完为止	
6	安全文明生产	(1)遵守安全操作规程,正确使用工具; (2)无任何人身伤害和设备的损坏		10	不文明或野蛮操作,每次扣 5 分,扣完为止,情节严重者停止操作,违规操作发生重大事故,此项记 0 分	
7	情景问答	提出 2 个与本学习任务有关的问题		10	每题 5 分,酌情扣分	
8	任务书填写	(1)内容正确、完整; (2)字迹工整、清晰		10	每次错误扣 1 分,扣完为止	
9	时间	(1)操作时间为 15min; (2)小结时间不计算操作时间		—	每超时 1min 扣 2 分	
10	小结	(1)总结全面,能分析错误原因; (2)不弄虚作假,抄袭,自行完成		10	(1)发现抄袭,弄虚作假,本项记 0 分; (2)结合实际内容酌情扣分	
	总计			100		
评语						

四、学习拓展

1 选择题

(1) 制动盘外观目视检查的项目有( )。
　　A. 制动盘是否生锈、腐蚀　　　　B. 制动盘是否开裂
　　C. 制动盘是否有灼斑　　　　　　D. 制动盘是否变蓝

(2) 盘式制动器最显著的优点是( )。
　　A. 制动力大　　B. 热稳定性好　　C. 具有助力作用　　D. 维修复杂

(3) 前制动器密封圈损坏,造成活塞不能正常回位,造成( )。
　　A. 制动不灵　　B. 制动拖滞　　C. 制动噪声　　D. 制动跑偏

2 判断题

(1) 浮动钳型盘式制动器的制动间隙由轮缸活塞上的橡胶密封圈实现。　( )
(2) 每次给车辆进行维护时,均需要对制动器进行拆检。　　　　　　　( )

3 简答题

(1) 在检查制动盘端面圆跳动量时,为什么必须完全固定制动盘?
(2) 为什么在测量制动盘厚度时,测量点必须距离制动盘边缘13mm?
(3) 制动盘端面圆跳动量测量值超标,请你说出该车可能有哪些故障现象?

子任务 5　检查或调节驻车制动器

完成本任务学习后,你应该掌握1个知识点和1个技能点:
1. 驻车制动器的作用、结构和原理;
2. 会进行驻车制动器的检查与调节。

 建议完成本任务的时间为 **2** 课时。

 学习任务

案例:一宝马车主驾车外出,将车停在一斜坡上,后因驻车制动磨损严重导致溜车,车辆受损。

请你通过学习和训练,完成驻车制动器的检查与调整作业。

一、资料收集

引导问题1 驻车制动系统的作用是什么?

驻车制动器的功用是车辆停驶后防止滑溜,使车辆在坡道上能顺利起步和在行车制动系统失效后临时使用或配合行车制动器进行紧急制动。在家用车上一般采用车轮制动式驻车制动系统,该系统和行车制动装置共用制动器(一般为后轮制动器),只是传动装置互相独立。

引导问题2 驻车制动系统有哪些类型?

1 传统驻车制动系统

传统驻车制动系统主要由驻车制动操纵杆、制动拉索及后轮制动器中的驻车制动器等组成。

对于4个车轮采用盘式制动器的汽车来说,驻车制动器可采用盘鼓式驻车制动器(图5-44)内置于后轮盘式制动器中和盘式制动器,并通过拉索和连杆等机构固定在盘式制动器上;也可采用盘式集成制动器;有些高档跑车上也采用双制动卡钳,其中一个卡钳为驻车制动卡钳。

图5-44 盘鼓式驻车制动器

2 电子驻车制动系统

常见的电子驻车系统有拉索式与卡钳式两种。拉索式电子驻车系统与传统拉索式驻车系统差别不大,同为制动蹄式,只是把手动的拉索改为电动形式;整合卡钳式电子驻车系统是通过整合在制动壳体上的电动机驱动卡钳压紧制动盘来实现制动,如图5-45所示。

 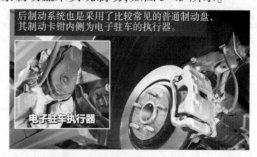

图5-45 整合卡钳式电子驻车系统

电子驻车系统在每次起步车轮转矩达到一定转矩时,会自动释放;在行车过程中遇到紧急情况需要制动,可以按下电子驻车系统按钮,但是此时车辆的制动并非机械的驻车制动。例如,大众迈腾的电子驻车系统在 7km/h 以上的速度时,就是先通过 ESP 控制单元以略小于全力制动的力矩对全部四个车轮进行液压制动。当速度在 7km/h 以下时,才是直接施以驻车制动。

3 自动驻车系统

对于需要频繁起步停车的行驶环境,驾驶人需要长时间踩下行车制动踏板或者频繁拉起释放驻车制动操纵杆,无疑增加了驾驶人的操纵强度,自动驻车系统能较好地解决此问题。

当车辆临时停驻,并且在很短一段时间之后就需要重新起动时,驻车就交由 ESP 控制的制动来完成,电脑会通过一系列传感器来测量车身的水平度和车轮的转矩,对车辆溜动趋势作一个判定,并对车轮实施一个适当的制动力度,使车辆静止。这个制动力度刚好可以阻止车辆移动,并不会太大,以便再次踩加速踏板前行时,不会有太严重的前窜动作。而在临时驻车超过一定时限后,制动系统会转为后轮机械驻车(打开电子驻车),来代替之前的四轮液压制动。当车辆欲将前行时,电子系统会检测加速踩踏力度,以及手动挡车型的离合器踏板的行程,来判定制动是否解除。

引导问题3 为什么需要定期检查驻车制动系统?

驻车制动器在汽车日常使用过程中的使用频率是非常高的,而随着使用时间的延长,后轮制动器磨损、拉索磨损或断裂、电子设备故障等均可能导致驻车制动系统灵敏度下降、驻车制动手柄行程过长、驻车制动失效等。这些故障发生并不是规律性的且比较隐蔽,只有定期进行检查及时发现问题,消除安全隐患。

引导问题4 如何检查驻车制动系统?

1 作业前准备

(1)开始工作之前,检查车辆驻车制动操纵杆是否拉起、变速杆是否处于 P 挡、车轮挡块是否安装正确、车辆是否停放稳固。
(2)检查常用工具、防护套件、工单等是否准备齐全。
(3)安装驾驶室防护五件套。
(4)插入点火钥匙,转至 ACC 位置(或者不踩制动踏板点动一键起动按钮)。
(5)举升车辆至四轮离地并锁止举升机。

2 机械式驻车制动系统检查

(1)轻轻拉起驻车制动操纵杆,当听到"咔哒"响起第一次前,观察组合仪表板上的驻车制动指示灯应不点亮,响起之后指示灯应点亮,如图 5-46 所示。

图 5-46　检查驻车制仪表指示灯工作情况

（2）逐步拉起驻车制动操纵杆直至完全拉起,记录"咔哒"声次数,即为驻车制动操纵杆的行程,一般为 6~9 次,若不在范围内需要进行调整,如图 5-47 所示。

图 5-47　检查驻车制动系统行程

（3）完全拉起驻车制动操纵杆,转动后轮,检查后制动器应存在较大的拖滞力,如图 5-48 所示。

图 5-48　检查驻车制动工作正常

（4）释放驻车制动操纵杆,转动后轮,检查后制动器拖滞力应明显减小,可自由转动,如图 5-49 所示。

科鲁兹轿车使用一个自动张紧或自动调节的驻车制动器拉索系统。驻车制动器系统在正常工作条件下不需要调整。在盘式制动器和/或驻车制动系统的维修过程中,必要时停用或启用驻车制动器拉索的张紧功能。

图 5-49　检查驻车制动工作异常

3　机械式驻车制动系统行程调整

以雪铁龙 C3-XR 为例说明。

(1) 拆下后地板控制台总成。
(2) 完全松开驻车制动操纵杆。
(3) 松开锁紧螺母和调整螺母以完全松开驻车制动器拉索,如图 5-50 所示。
(4) 在发动机停机的情况下,完全踩下制动踏板 3~5 次。
(5) 转动调整螺母,直到驻车制动杠杆行程修正至规定范围内(200N 时为 6~9 齿),如图 5-51 所示。

图 5-50　松开驻车制动器拉索　　　　　图 5-51　调整驻车制动器

(6) 紧固锁紧螺母(6N·m)。
(7) 操作驻车制动操纵杆 3~4 次,并检查驻车制动杠杆行程。
(8) 检查驻车制动器是否卡滞。
(9) 安装后地板控制台总成。

4　电子式驻车制动系统检查

(1) 踩下制动踏板,压下电子驻车制动系统按钮,组合仪表显示驻车制动器已释放,如图 5-52 所示。转动后轮,检查后制动器无明显的拖滞力,可自由转动。

(2) 抬起电子驻车制动系统按钮,组合仪表显示驻车制动器已工作,转动后轮,检查后制动器应存在较大的拖滞力,如图 5-53 所示。

图 5-52　释放驻车制动器

图 5-53　检查驻车制动器工作情况

（3）起动发动机。
（4）松开制动踏板，轻轻踩下加速踏板，驻车制动器应自动释放。

5 整理现场

（1）整理、清洁工具。
（2）取下车钥匙，收回驾驶舱防护套丢弃至分类垃圾桶。
（3）清洁地面。

二、实施作业

完成驻车制动系统检查，若不合格请进行调整。
要求：
（1）根据"学习资料"和查阅资料完成"驻车制动系统检查与调整工作任务书"（表5-12）的制定。
（2）两人合作按照工艺完成实践操作，将作业过程和检查的数据进行记录，其中"操作记录"一栏对于完成的工序打"√"，"数据记录"一栏填写检查的数据或关键的数据，例如拧紧力矩等。

驻车制动系统检查与调整工作任务书

表 5-12

作业名称		作业时间		作业人	
作业条件					
工具		量具		设备	材料

工序及过程记录				
序号	作业项目		操作记录	数据记录
1	准备工作	(1)		
2		(2)		
3		(3)		
4		(4)		
5	驻车制动系统检查	(1)		
6		(2)		
7		(3)		
8		(4)		
9	调整驻车制动杆行程	(1)		
10		(2)		
11		(3)		
12		(4)		
13		(5)		
14		(6)		
15		(7)		
16		(8)		
17		(9)		
18	5S	(1)		
19		(2)		

小结：找出在操作过程中出现的问题，分析原因，提出解决措施

三、评 价 反 馈

根据实际操作情况评价，填写表 5-13。

驻车制动系统检查与调整作业考核表 表5-13

日期		操作时间		考评人		
工作过程评价						
对车辆进行驻车制动系统检查与调整，操作时间为15min，完成工作过程记录，考核结束后，进行情景会话						
序号	考核项目	评分指标		配分	评分标准	得分
1	作业前准备	工作任务书编制		10	未准备扣5分	
2	举升机使用	(1)举升机支点安装正确； (2)举升高度合理		5	安装位置不正确扣5分，高度不合理扣3分	
	驻车制动系统检查	(1)驻车制动系统检查方法正确； (2)会查阅资料		10	每次错误扣2分，扣完为止	
	驻车制动系统调整	(1)会查阅资料； (2)调整驻车制动系统方法正确； (3)调整结果正确		15	每次错误扣2分，扣完为止	
3	步骤	步骤完整，没有遗漏，无逻辑错误		15	每次错误扣5分，扣完为止	
4	5S	(1)工作场地始终保持干净； (2)工具始终干净，摆放整齐； (3)所有物品恢复原状		5	每次错误扣2分，扣完为止	
5	安全文明生产	(1)遵守安全操作规程，正确使用工具； (2)无任何人身伤害和设备的损坏		10	不文明或野蛮操作，每次扣5分，扣完为止，情节严重者停止操作，违规操作发生重大事故，此项记0分	
6	情景问答	提出2个与本学习任务有关的问题		10	每题5分，酌情扣分	
7	任务书填写	(1)内容正确、完整； (2)字迹工整、清晰		10	每次错误扣1分，扣完为止	
8	时间	(1)操作时间为15min； (2)小结时间不计算操作时间		—	每超时1min扣2分	
9	小结	(1)总结全面，能分析错误原因； (2)不弄虚作假、抄袭，自行完成		10	(1)发现抄袭、弄虚作假，本项记0分； (2)结合实际内容酌情扣分	
		总计		100		
评语						

四、学习拓展

1 选择题

(1) 我国国家标准规定任何一辆汽车都必须具有(　　)。
　　A. 行车制动系统　　B. 驻车制动系统　　C. 第二制动系统　　D. 辅助制动
(2) (　　)制动器可在行车制动装置失效后用于应急制动。
　　A. 盘式　　　　　B. 鼓式　　　　　　C. 驻车　　　　　　D. 行车

2 判断题

(1) 汽车仪表上"Ⓟ"的灯亮起,表示驻车制动器处于制动状态。　　　　　(　　)
(2) 驻车制动器检查时,行程为6~9棘齿。　　　　　　　　　　　　　　(　　)

3 简答题

(1) 简述各种驻车制动系统的优缺点。
(2) 如何检查驻车制动系统?

学习任务六

行驶系统维护

本任务共有2个子任务,即检查车轮或车轮换位、悬架检查与调整,主要对车轮结构、轮胎类型、悬架的作用和分类等知识进行简要回顾,并结合车辆使用情况,对轮胎定期检查和悬架定期检查的原因进行分析,以科鲁兹轿车为例进行车轮检查与换位、悬架检查等进行示范。

子任务 1　检查车轮或车轮换位

学习目标

完成本任务学习后,你应该掌握1个知识点和1个技能点:
1. 车轮定期维护的原因;
2. 会进行车轮的检查与换位。

 建议完成本任务的时间为 **4 课时**。

 学习任务

案例:沪蓉高速的一起交通事故曾导致了56辆车连环相撞,伤亡人数达100多人。这起事故的发生主要是由于天气原因和驾驶人跟车太近的缘故,但是更关键的原因是因为一辆面包车的爆胎,这才导致连环追尾事故的发生!

请你通过学习和训练,完成车轮的检查与换位作业。

一、资料收集

引导问题 1 车轮的作用是什么？车轮由哪些部分组成？

现代的车轮总成由车轮和轮胎两大部分组成(图6-1)，是汽车行驶系统中极其重要的部件之一，具有以下基本功用：

图6-1 古今车轮对比

(1) 支撑整车质量，包括在汽车质量上下运动时产生的惯性动载荷。
(2) 缓和由路面传递来的冲击载荷，提高乘坐舒适性。
(3) 通过轮胎和路面之间的附着作用，产生驱动和阻止汽车运动的外力，即为汽车提供驱动力和制动力。
(4) 产生平衡汽车转向离心力的侧向力，以便顺利转向，并通过轮胎产生的自动回正力矩，使车轮具有保持直线行驶的能力。

引导问题 2 轮胎有哪些种类？

汽车轮胎按胎体结构不同，可分为充气轮胎和实心轮胎。充气轮胎按结构不同可以分为有内胎和无内胎两种；按气压可分为高压轮胎、低压轮胎、超低压轮胎。目前，轿车上常用的汽车轮胎是低压充气轮胎。汽车轮胎按帘布层结构不同，可分为斜交轮胎、带束斜交轮胎和子午线轮胎，如图6-2所示。

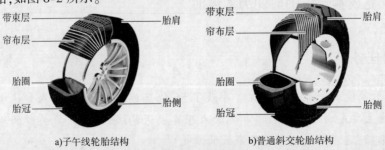

a) 子午线轮胎结构   b) 普通斜交轮胎结构

图6-2 斜交轮胎和子午线轮胎结构对比

目前，轿车上的轮胎大多为子午线轮胎。这种轮胎的胎体帘布层与胎面中心线呈90°或接近90°角排列，帘线分布如地球的子午线，因而称为子午线轮胎。子午线轮胎帘线强度得到充分利用，它的帘布层数小于普通斜交轮胎帘布层数，使轮胎质量可以减轻，胎体较柔软。子午线轮胎采用了与胎面中心线夹角较小（10°～20°）的多层缓冲层，用强力较高、伸张力小的结构帘布或钢丝帘布制造，可以承担行驶时产生的较大的切向力。带束层像钢带一样，紧紧箍在胎体上，极大地提高了胎面的刚性、驱动性和耐磨性。

子午线轮胎高速旋转时，变形小，升温低，产生驻波的临界速度比斜交胎高，提高了车辆行驶的安全性。

无内胎轮胎（图6-3）在外观上与普通轮胎相似。所不同的是无内胎轮胎的外胎内壁上附加了一层厚2～3mm的专门用来封气的橡胶密封层。它是用硫化的方法黏附上去的，密封层正对着的胎面下面，贴着一层未硫化橡胶的特殊混合物制成的自粘层。当轮胎穿孔时，自粘层能自行将刺穿的孔黏合，因此也称为有自粘层的无内胎轮胎。

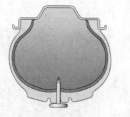 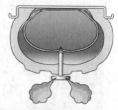

a)无内胎充气轮胎　　b)有内胎充气轮胎

图6-3　有内胎和无内胎轮胎密封性对比

无内胎轮胎在穿孔时，压力不会急剧下降。有利于安全行驶。无内胎轮胎不存在内外胎之间的磨损和卡住，它的气密性好，可直接通过轮辋散热，温升低，使用寿命长，结构简单，质量轻。其缺点是途中坏了修理困难。

引导问题3　为什么轮胎需要定期检查？

汽车行驶时，轮胎在负荷和路面阻力的作用下，连续发生复杂的形变，使内部受力和发热。温度的升高，将严重地影响橡胶的性能和轮胎的组织，从而大大地增加了轮胎的磨损而缩短其使用寿命。

轮胎气压不足将使轮胎侧弯曲变形加大，各层帘布之间的摩擦加剧，轮胎过度发热，橡胶耐磨性和帘线强度降低，使得胎侧内壁的帘线松散断裂，缺气过多时甚至碾烂；胎体脱层和胎面剥离，脱层处常因帘线和橡胶磨成粉末积聚而形成灰色，明显的损害是胎面磨损快，同时因轮胎接地面积大、胎肩部位加速磨损，也使滚动阻力增加，因而燃料消耗也增加。

轮胎气压过高会导致帘线过度伸张，甚至拉断；接地面积减小，胎面中部磨损增加，在花纹底部开裂。

另外，轮胎因变形摩擦而发出热量，促使胎温升高。当超过一定的温度时（一般为100℃左右）胎体强度大大降低，很容易引起脱层、爆破损坏等。

除了上述磨损之外，由于路面尖锐物品会扎透胎面、划伤胎侧，使轮胎慢消气，无法保证轮胎正常气压；高速行驶通过坑洼或凸台路面，因冲击力过大导致胎侧帘线断裂而鼓包，容易导致爆胎。

综合来看，轮胎因磨损、损伤等会影响行车安全，受外界因素的影响毫无规律，所以轮胎在日常维护、一级维护和二级维护中均需要进行检查，保障行车安全。

引导问题 4　车轮要做哪些检查？

1 轮胎充气压力检查

检查方法：将轮胎气门嘴盖卸下来，在气门嘴上放置气压表（最大限度减少空气泄漏），读取表上读数，如图 6-4 所示。

图 6-4　检查轮胎气压

注意：由于不同的压力表、车型等标注的压力单位不同，故检查时一定要看好单位。
气压的各常见单位换算关系如下：

$$1\text{MPa} = 10.2\text{kgf/cm}^2 = 145\text{psi}（磅/平方英寸）= 10\text{bar}（巴）= 9.8\text{atm}（大气压）$$

$$1\text{psi} = 0.006895\text{MPa} = 0.0703\text{kgf/cm}^2 = 0.0689\text{bar} = 0.068\text{atm}$$

$$1\text{atm} = 0.101325\text{MPa} = 14.696\text{psi} = 1.0333\text{kgf/cm}^2 = 1.0133\text{bar}$$

检查气压时轮胎必须处于冷却状态，即车辆至少停放 3h 或行驶未超过 1.6km；如果压力比规定的值高，按动释放按钮（如安装）或轻轻放松气门嘴上的气压表释放一些空气。若比规定值低，应给轮胎充气，直到符合规定气压值；检查调整完成后，安上轮胎气门嘴盖。

2 轮胎损坏检查

目视检查每个轮胎有无下列异常状况：
（1）轮胎花纹或侧壁凸起或膨胀（若有，必须更换轮胎）。
（2）轮胎花纹或侧壁出现伤口或裂痕（若有，必须更换轮胎）。
（3）轮胎花纹沟内有石子、玻璃、金属片或其他异物（若有，必须清除）。

3 磨损检查

轮胎的花纹沟深必须大于或等于 1.6mm。轮胎上都有轮胎磨损指示标（图 6-5），以便在轮胎磨损达到极限时提供指示。这些指示标采用带状形式绕着轮胎的周边，轮胎侧壁还标有轮胎磨损指示标位置的记号以便查找。可用胎纹深度尺或游标卡尺测量胎纹深度（图6-6），发现有达到磨损极限的轮胎，应提示车主更换轮胎。

图6-5　轮胎磨损标记

图6-6　测量轮胎花纹深度

4　不均匀磨损检查

在正常情况下，车辆的轮胎应当均匀磨损。但是，某些问题会导致轮胎磨损不均匀。例如，轮胎中心的花纹比肩部的花纹磨损得更快，外侧花纹比内侧花纹磨损得更快，肩部花纹比中心花纹磨损得更快等，如图6-7所示。另外，前轮与后轮的磨损率不同，左轮与右轮的磨损率也不同。前轮驱动的车辆的前轮比后轮磨损得更快。

a)过度磨损　　　b)正常磨损　　　c)过度磨损

图6-7　轮胎磨损示意图

造成不均匀磨损的两个主要原因是轮胎气压不正常和前轮定位不正确。如果轮胎中心的花纹或肩部的花纹严重磨损，那么轮胎气压很可能不正常。检查轮胎的磨损程度时，目视检查四个轮胎，以确定其是否磨损不均匀。

如果轮胎确实磨损不均匀，应检查轮胎气压和重做四轮定位。

引导问题5　为什么要定期进行轮胎换位？

汽车在行驶过程中，前后轮的载荷、受力和功能不同，致使汽车轮胎的磨损不同。为保持同一辆车的轮胎磨损均匀，延长轮胎的使用寿命，并使各轮胎寿命趋于一致，轮胎应定期进行换位，一般行驶15000～20000km进行换位。常见车轮换位方法有前轮驱动车轮换位、定向车轮换位和四轮驱动车轮换位等。

引导问题6　怎样进行轮胎换位?

通常,驱动轮在换位时,不要改变旋转方向,非驱动轮可以改变旋转方向。也就是驱动轮平行换位,非驱动轮交叉换位。那么,对于一辆前轮驱动或者说绝大多数时间前轮驱动的车辆来说,就是前轮平行向后,后轮交叉向前。那么反之,对于一辆后轮驱动,或者说绝大多数时间后轮驱动的车辆来说,就是后轮平行向前,前轮交叉向后。另外,因为目前的轿车,备胎通常是小尺寸的专用备胎,或者简配的铁轮毂的轮胎,所以基本上不再采用五轮换位方式。在进行轮胎换位时还需注意以下几点。

1 单导向轮胎(图6-8)**不能交叉换位**

由于单导向轮胎的旋转方向不能改变,所以车轮只能平行换位(图6-9),不能交叉换位。

图6-8　雪铁龙C5单导向轮胎

图6-9　车轮平行换位示意图

2 长里程没有进行过轮胎换位,换位后会有"副作用"

行驶很长的里程而没有进行过轮胎换位,也就不要进行轮胎换位了,此时轮胎磨损的不均匀程度,通过轮胎换位已经难以"纠正"了。而且,如果换位了,还会带来一些负面的效果。通常超过4万km没有进行过轮胎换位,后轮内侧边缘会有不规则的磨损,如果换至前轮,通常会带来很明显的胎噪。由于轮胎的磨损和长时间一个方向的滚动,轮胎会出现锥度和"单导向适应性",换位后,往往会出现跑偏或操控感受下降。

3 内置胎压传感器的车辆,换位后要进行学习

有些车装备直接监测式的胎压监测系统,在轮胎内部装有轮胎压力传感器,仪表上会有轮胎气压显示。换位后,需要进行胎压监测系统的学习,让系统重新记录胎压传感器的位置。否则仪表上显示的胎压位置,与实际的位置不符。这需要执行特殊的操作程序,甚至使用专用设备,交给专业的4S店,往往会更加可靠。

4 补过胎,就不能放在前轮

很多人认为补过的轮胎,有损伤,不能再安装在前轮,容易爆胎。其实这种观念是不正确的:首先,如果轮胎是正确的修补,性能不受影响,是可以正常使用和换位的。其次,轮胎爆胎不是补胎造成,高速爆胎往往是轮胎气压不正常造成。爆胎的原因往往不是补过胎,而是驾驶人不知道轮胎气压异常,依然高速行驶。或者轮胎老化,或者速度级别不足造成。再有,高速行驶中后轮爆胎,往往比前轮爆胎还要危险。高速行驶后轮爆胎,会造成车辆侧滑、甩尾、甚至侧翻,这是一种最危险的失控状态。如果前轮爆胎,只要驾驶人握紧转向盘,逐渐稳定减速,还是可以控制的。

引导问题7　如何检查车轮或换位?

检查车轮　　车轮换位安装车轮

1　准备工作

将车辆停放至举升机中央位置,拉起驻车制动器操纵杆、挂 P 挡(或空挡)。

2　车轮及轮胎的检查

(1)举升车辆至中位或者低位。

(2)检查左前车轮。检查轮胎搭配是否一致,是否存在偏磨;胎面、胎侧有无气包、损伤、老化、异常磨损现象;清理轮胎花纹中的石子、杂物异物,若有尖锐物穿透轮胎,需征询客户意愿方可取出并修补或更换轮胎;检查轮毂是否有破损、划伤或平衡块缺失等。

(3)使用轮胎花纹深度尺测量轮胎花纹深度,最低剩余深度不得小于1.6mm,测量点间隔大于90°,不得少于三处,或者检查轮胎磨损极限标记是否磨损。

思考:轮胎磨损极限标记若已磨损代表什么?

(4)检查车轮转动是否顺畅、轴承是否松旷和有异响。

(5)检查轮胎气压是否为标准值、气门嘴是否漏气、气门帽是否齐全,使用泡沫水检查气门嘴及轮胎与轮辋的接触面是否漏气。

思考:如何确认车辆轮胎气压标准值?

(6)按上述方法依次检查左后、右后和左前车轮。

(7)降下举升机,取下备胎,检查备胎气压。

思考:备胎气压应为多少 MPa?

3　车轮换位

(1)将车辆举升至合适高度。

(2)使用气动冲击扳手交叉拆卸左前车轮紧固螺栓(螺母),取下车轮,依次拆卸左后、右后和左前车轮。

思考:如何正确安全地使用风动扳手?

(3)按照合适的换位方式将各车轮进行换位,并用手动工具安装车轮紧固螺栓。

(4)将车辆降至车轮接触地面的位置。

(5)将预置力式扭力扳手调到标准力矩,按对角交叉的方式紧固轮胎螺母。

4 现场整理

（1）降下车辆，锁好车门，将举升机臂归位。

（2）清洁地面、将工具清洁并归回原位。

二、实 施 作 业

进行车轮检查，根据车辆实际情况判断是否进行车轮换位，若需要，则进行车轮换位。

要求：

（1）根据"学习资料"和查阅资料完成"车轮检查与换位工作任务书"（表6-1）的制定。

车轮检查与换位工作任务书　　　　　　　　表6-1

作业名称		作业时间		作业人	
作业条件					
工具		量具		设备	材料
工序及过程记录					
序号	作业项目			操作记录	数据记录
1	准备工作	将车辆停放至举升机中央位置，拉起驻车制动器操纵杆、挂P挡（或空挡）			
2	车轮及轮胎的检查	（1）			
3		（2）			
4		（3）			
5		（4）			
6		（5）			
7		（6）			
8		（7）			
9		（8）			
10	判断是否需要换位	上一次换位里程：　　现在里程是：			
11	车轮换位	（1）			
12		（2）			
13		（3）			
14		（4）			
15		（5）			
16		（6）			
17	5S	（1）			
18		（2）			
小结：找出在操作过程中出现的问题，分析原因，提出解决措施					

(2)两人合作按照工艺完成实践操作,将作业过程和检查的数据进行记录,其中"操作记录"一栏对于完成的工序打"√","数据记录"一栏填写检查的数据或关键的数据,例如拧紧力矩、液面高度等。

三、评价反馈

根据实际操作情况评价,填写表6-2。

车轮检查与换位作业考核表　　　　　　　　　　　　　　　　　　表6-2

日期		操作时间		考评人	
工作过程评价					
对车辆进行车轮检查与换位,操作时间为25min,完成工作过程记录,考核结束后,进行情景会话					
序号	考核项目	评分指标	配分	评分标准	得分
1	作业前准备	工作任务书编制	10	未准备扣5分	
2	车轮检查	(1)检查方法正确; (2)测量规范,量具使用正确	15	每次错误扣2分,扣完为止	
3	车轮换位	(1)能正确判断是否换位; (2)能正确换位; (3)能正确拆装车轮	20	每次错误扣2分,扣完为止	
4	步骤	步骤完整,没有遗漏,无逻辑错误	15	每次错误扣5分,扣完为止	
5	5S	(1)工作场地始终保持干净; (2)工具始终干净,摆放整齐; (3)所有物品恢复原状	5	每次错误扣2分,扣完为止	
6	安全文明生产	(1)遵守安全操作规程,正确使用工具; (2)无任何人身伤害和设备的损坏	10	不文明或野蛮操作,每次扣5分,扣完为止,情节严重者停止操作,违规操作发生重大事故,此项记0分	
7	情景问答	提出2个与本学习任务有关的问题	10	每题5分,酌情扣分	
8	任务书填写	(1)内容正确、完整; (2)字迹工整、清晰	10	每次错误扣1分,扣完为止	
9	时间	(1)操作时间为25min; (2)小结时间不计算操作时间	—	每超时1min扣2分	
10	小结	(1)总结全面,能分析错误原因; (2)不弄虚作假,抄袭,自行完成	10	(1)发现抄袭,弄虚作假,本项记0分; (2)结合实际内容酌情扣分	
		总计	100		
评语						

四、学习拓展

1 选择题

(1) 轮胎检查有(　　)。
　　A. 检查轮胎气压　　　　　B. 检查外观
　　C. 检查花纹深度　　　　　D. 检查是否损坏

(2) 轮胎气压值的单位有(　　)。
　　A. MPa　　　B. bar　　　C. psi　　　D. atm

2 判断题

(1) 可以使用钢卷尺测量轮胎花纹深度。　　　　　　　　　　　　　(　　)
(2) 轮胎若只是某个地方花纹深度磨损达到极限,不需要更换。　　　(　　)
(3) 轮胎只要看起来不是瘪的,气压就不会低。　　　　　　　　　　(　　)

3 简答题

(1) 轮胎充氮气有哪些好处?
(2) 如何区分子午线轮胎和其他普通轮胎?
(3) 请简述轮胎换位的基本要求。

子任务 2　悬架检查与调整

完成本任务学习后,你应该掌握1个知识点和1个技能点:
1. 悬架结构、类型和定期检查的原因;
2. 会进行悬架的检查。

 建议完成本任务的时间为2课时。

 学习任务

　　一辆北京现代领动轿车出现严重变形,且未出事故,车辆左右高低不一,行驶途中有异响,问题很严重,经检查确定是悬架故障。
　　请你通过学习和训练,完成悬架的检查与调整作业。

一、资料收集

引导问题1 悬架的作用是什么?

悬架把车架与车桥弹性连接起来,吸收或缓和车轮在不平路面上受到的冲击和振动,传递各种作用力和力矩。

引导问题2 悬架有哪些类型?

悬架可分为独立悬架和非独立悬架两类,如图6-10所示。

a) 非独立悬架

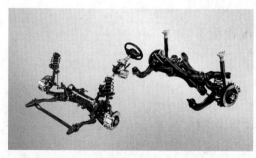 

b) 独立悬架

图6-10 典型非独立悬架和独立悬架

独立悬架的特点是每一侧车轮单独通过弹簧悬挂在车架下面。在汽车行驶中,当一侧车轮跳动时,不会影响另一侧车轮的工作。独立悬架中多采用螺旋弹簧和扭杆弹簧作为弹性元件,并配用导向装置和减振器。独立悬架在轿车上得到广泛应用。

非独立悬架的特点是两侧的车轮分别安装在同一整体式车桥上,车桥通过弹性元件与车架相连。这种悬架在汽车行驶中,当一侧车轮跳动时,另一侧车轮也将随之跳动。非独立悬架中广泛采用钢板弹簧作为弹性元件,这种悬架在中、重型汽车上被普遍采用。

项目二 典型维护作业

引导问题3 悬架主要由哪些部分构成?

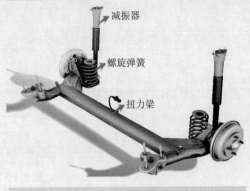

图6-11 悬架的结构示意图

悬架一般由弹性元件、导向装置和减振器三部分组成,如图6-11所示。

悬架采用的弹性元件有钢板弹簧、螺旋弹簧、扭杆弹簧、空气弹簧、油气弹簧、橡胶弹簧等,在轿车上使用的弹性元件主要有螺旋弹簧、扭杆弹簧、空气弹簧、油气弹簧、橡胶弹簧等。

减振器用于改善汽车行驶平稳性。为衰减振动,汽车悬架系统中采用的减振器多是液力减振器。

引导问题4 为什么要定期检查悬架?

外表看似简单的汽车悬架系统综合多种作用力,决定着轿车的稳定性、舒适性和安全性,是现代轿车十分关键的部件之一,在日常使用过程中因路面不平等因素导致悬架工作在振动频繁、载荷交变甚至超负荷等恶劣条件下,各连接球头会因磨损而松动,减振器通常不会突然断裂,大多都是慢慢地恶化,连接螺栓也会产生松动等情况,这些情况的出现均会导致悬架工作异常而产生异响,甚至影响驾驶安全,且这些现象的出现无规律可言,所以必须定期对悬架进行检查。

引导问题5 如何进行减振器工作情况检查?

1 准备工作

将车辆停放至举升机中央位置,拉起驻车制动器操纵杆、挂P挡(或空挡)。

2 检查减振器工作情况

将双手放在一个车轮上方的车身上,然后迅速用力下压车身,使车身在弹簧上跳动,如图6-12所示。

注意:

(1)车型不同,减振器的特性也不同。将一辆车的减振器振动情况与另一辆车的减振器的振动情况相比较时,要确定参照车辆的车型相似或完全相同。

(2)检查后减振器时,最好打开后车门。在离后车轮最近的位置的后车门口下压,如图6-13所示。

(3)在车辆的每一个角重复检查。

(4)此方法只是大致检查减振器的情况,如果怀疑某个减振器有问题,应将其拆下做进一步检查。

(5)按压车辆时不要使车的钣金变形,同时操作时手里不应拿任何工具。

图6-12　检查前悬架工作情况

图6-13　检查后悬架工作情况

3　悬架系统零件检查

(1)举升车辆,拆下车轮。

(2)目视检查下列项目:减振器油是否渗漏;连杆、悬挂臂及相关零件是否变形或损坏;橡胶轴套是否老化和损坏,如图6-14所示。

(3)抓住悬架部件并摇动这些部件,检查其是否松动,如图6-15所示。

图6-14　检查悬架各部件外观

图6-15　检查悬架各部件紧固情况

(4)使用预置力扭力扳手检查紧固件的拧紧力矩,将任何松动之处拧紧。

注意:

(1)减振器是可伸缩的,油液渗漏主要发生在减振器内外管之间的间隙内,渗漏的油液往往由于灰尘而变黑。

(2)手沿着连杆、悬挂臂和相关的零件移动并目视比较车辆左右两侧对应的零件,检查其是否变形。

(3)连杆和悬挂臂轻易不会变形,除非受到严重撞击。所以,如果连杆或悬挂臂变形,附近的部件也可能会受到影响。因此,检查包括车身在内的附近所有零部件是十分重要的,不要将检查局限在悬架系统。

(4)通过触摸橡胶轴套及摇动相关的部件,检查橡胶轴套的间隙。

4 现场整理

(1)降下车辆,锁好车门,将举升机臂归位。

(2)清洁地面、将工具清洁并归回原位。

二、实施作业

根据实训车辆实际情况检查车辆悬架。

要求:

(1)根据"学习资料"和查阅资料完成"悬架检查与调整工作任务书"(表6-3)的制定。

悬架检查与调整工作任务书　　　　表6-3

作业名称			作业时间		作业人	
作业条件							
工具		量具		设备		材料
工序及过程记录						
序号	作业项目			操作记录		数据记录
1	准备工作	将车辆停放至举升机中央位置,拉起驻车制动器操纵杆、挂P挡(或空挡)				
2	检查减振器	(1)				
3		(2)				
4		(3)				
5		(4)				
6	检查减振器零部件	(1)				
7		(2)				
8		(3)				
9		(4)				
10		(5)				
11		(6)				
12		(7)				
13		(8)				
14		(9)				
15		(10)				
16		(11)				
17	5S	(1)				
18		(2)				
小结:找出在操作过程中出现的问题,分析原因,提出解决措施						

(2)两人合作按照工艺完成实践操作,将作业过程和检查的数据进行记录,其中"操作记录"一栏对于完成的工序打"√","数据记录"一栏填写检查的数据或关键的数据,例如拧紧力矩、液面高度等。

三、评价反馈

根据实际操作情况评价,填写表6-4。

悬架检查与调整作业考核表　　　　　　　　　　　表6-4

日期		操作时间		考评人		
工作过程评价							
对车辆进行悬架检查与调整,操作时间为25min,完成工作过程记录,考核结束后,进行情景会话						
序号	考核项目	评分指标	配分	评分标准	得分
1	作业前准备	工作任务书编制	10	未准备扣5分	
2	减振器检查	(1)检查方法正确; (2)会正确判断结果	15	每次错误扣2分,扣完为止	
3	悬架检查	(1)能正确判断悬架各零部件; (2)能正确检查; (3)能正确对各部件紧固件进行紧固	20	每次错误扣2分,扣完为止	
4	步骤	步骤完整,没有遗漏,无逻辑错误	15	每次错误扣5分,扣完为止	
5	5S	(1)工作场地始终保持干净; (2)工具始终干净,摆放整齐; (3)所有物品恢复原状	5	每次错误扣2分,扣完为止	
6	安全文明生产	(1)遵守安全操作规程,正确使用工具; (2)无任何人身伤害和设备的损坏	10	不文明或野蛮操作,每次扣5分,扣完为止,情节严重者停止操作,违规操作发生重大事故,此项记0分	
7	情景问答	提出2个与本学习任务有关的问题	10	每题5分,酌情扣分	
8	任务书填写	(1)内容正确、完整; (2)字迹工整、清晰	10	每次错误扣1分,扣完为止	
9	时间	(1)操作时间为25min; (2)小结时间不计算操作时间	—	每超时1min扣2分	
10	小结	(1)总结全面,能分析错误原因; (2)不弄虚作假,抄袭,自行完成	10	(1)发现抄袭,弄虚作假,本项记0分; (2)结合实际内容酌情扣分	
		总计	100		
评语						

四、学习拓展

1 选择题

(1) 悬架一般由( )组成。
　　A. 弹性元件　　　B. 导向装置　　　C. 减振器　　　D. 稳定杆
(2) 下列是独立悬架的有( )。
　　A. 麦弗逊悬架　　B. 烛式悬架　　　C. 双叉臂悬架　　D. 扭力梁悬架

2 判断题

(1) 减振器检查时发现按压后反弹次数达到5次,说明该减振器完好。　　( )
(2) 车辆在行驶一段距离后发现右前减振器发烫,说明该减振器完好。　　( )

3 简答题

(1) 简述快速判断减振器好坏的方法。
(2) 简述对悬架系统各连接件的检查方法。

学习任务七

转向系统维护

完成本任务学习后,你应该掌握2个知识点和2个技能点:
1. 转向系统的结构、类型及维护检查作业内容;
2. 转向助力油的性能要求、选用方法;
3. 会对转向系统各部件进行检查;
4. 会进行转向助力油的检查与更换。

 建议完成本任务的时间为 **4 课时**。

 学习任务

向先生借朋友雪铁龙C4L轿车使用,发现较他自己的同款车转向略重,与朋友说起此事,后更换转向助力油解决故障。

请你通过学习和训练,完成转向系统的检查和油液更换作业。

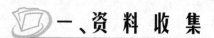

一、资料收集

引导问题1 转向系统的功用是什么?

汽车在行驶过程中,根据路况驾驶人需经常改变行驶方向。汽车行驶方向的改变,是通过转向轮(一般是前轮转向,也有后轮或四轮转向)在路面上偏转一定的角度来实现的。用来控制转向轮偏转的一整套机构,称为汽车转向系统。

转向系统的功用是,按照驾驶人的意愿改变汽车的行驶方向和保持汽车稳定的直线行驶。其中,转向器是将转向盘的转动变为转向摇臂的摆动或齿条轴的直线往复运动,并对转向操纵力进行放大的机构。转向器一般固定在汽车车架或车身上,转向操纵力通过转向器后一般还会改变传动方向。

引导问题2 动力转向系统有哪些类型？

汽车转向系统按动力源不同，分为机械转向系统和动力转向系统两大类。动力转向系统依靠驾驶人的体力和与其他动力合作作为转向能源的转向系统。动力转向系统分液压动力转向系（图7-1）和电动助力转向系（图7-2）两类。

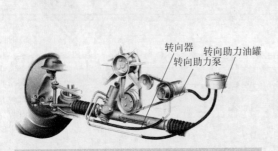

图7-1 液压助力转向系统

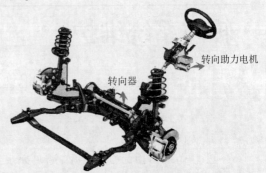

图7-2 电动助力转向系统

在转向系统中普及率较高的有液压助力转向（HPS）、电控液压助力转向（EHPS）和电动助力转向（EPS）。其中，HPS已发展了近一个世纪，技术成熟、成本低廉，普及率也最高。但是这种助力转向缺点也很明显，它会消耗发动机功率，并且结构复杂，泵、管路、液压缸都需要定期维护，液压泵转子与液压油之间的损耗会产生很大的能量损失，而液压泵在不转向时也会消耗能量，因此目前在轿车中已开始慢慢被淘汰。电控液压助力转向（EHPS）虽比传统的液压助力转向先进一些，引入了电控装置，可随速度调节助力力度，不过它的开发成本高，并且依旧靠发动机驱动，这就意味着它的能耗并未降低。

电动助力转向（EPS）是在上述两种助力机构的基础上发展起来的，它采用独立电动机直接提供助力，助力的大小由电控单元根据车速快慢进行控制。它具有节能、环保（可相应降低排放）、高安全性等特点，目前正逐步取代液压动力转向。电动助力转向有效地解决了车辆在操纵稳定性和转向盘转向手感方面的问题，具有兼顾低速转向轻便性和高速增强路感的优点。

引导问题3 液压动力转向系统中转向助力油的作用及性能要求有哪些？

转向助力油又称助力转向液，用于液压助力转向系统中传递压力以使车辆转向的工作介质。

转向助力油的性能要求主要包括低温性能、黏温特性、抗磨损性能、抗锈蚀性能、空气释放性能、抗泡沫性、剪切稳定性和橡胶适应性等，以保证转向助力油能在各种条件下都能及时传递压力，避免助力系统零部件的磨损和腐蚀，防止助力系统零部件产生气蚀（穴蚀）。

引导问题 4　如何选用转向助力油？

不同的车种和车型的动力转向系统的精密程度和使用要求有差异。因此，厂家对转向助力油的选择和换油周期的规定也有所不同。目前，国际上还没有专门的转向助力油标准。现在新型或高档的车种和车型多选择 ATF 自动传动液或合成液力传动油。

转向助力油的选择和更换，一般应根据汽车厂商的车辆维护手册中的规定。

注意切勿将动力转向用油和制动液混淆，否则会导致系统失灵。另外，转向时不可将方向"打死"，特别是在原地转向时，要留有一定的余量，保证液压转向系统处于正常工作状态。

动力转向机构在发动机不工作时（被牵引行驶），仍可转向，但必须加大转向力。转向助力油同时也是系统的润滑剂，因此液位过低或储液罐内无液压油时切勿行驶。否则，不但会严重损坏转向油泵及其他零部件，还可能导致转向系统失灵。

引导问题 5　如何检查转向盘和横拉杆接头？

1　作业前准备

（1）开始工作之前，检查车辆驻车制动操纵杆是否拉起、变速杆是否处于 P 挡、车轮挡块是否安装正确、车辆是否停放稳固。

（2）检查常用工具、防护套件、工单等是否准备齐全。

（3）安装驾驶室防护五件套。

（4）插入点火钥匙，转至 ACC 位置（或者不踩制动踏板点动一键起动按钮）。

2　转向盘检查

（1）上下、前后、左右摇动转向盘，检查其是否松旷，如图 7-3 所示。

（2）确认前轮指向正前方。

（3）在转向盘的顶端用胶带或细绳做好标记。

（4）将直尺紧贴转向盘顶端，然后测量在不使前轮移动的情况下，转向盘向左及向右转动的距离，如图 7-4 所示。用直尺测量转向盘外缘的移动量一般为 15～20mm。以胶带或细绳作为测量参考点。

注意：向左或向右转动转向盘到转向轮就要开始移动或感觉到有阻力时即停止，测量此时的移动量；在转向盘的外围测量；左转及右转间隙的测量结果有任何差异，均表明转向机构出现故障。

如果初步检查中发现转向盘松旷或转向盘间隙超出技术要求，首先应进行齿条导块调整，其次检查转向系统的安装是否松旷，将松动部位紧固到规定的力矩，然后再次检查松旷情况（如果初步检查没有发现转向盘松旷，而且间隙在技术规格范围之内，那么无须执行此项调整）。

图7-3 检查转向盘松旷

图7-4 检查转向盘自由行程

3 横拉杆球头检查

(1)将车轮指向正前方。

(2)将车辆举起。

(3)双手握住车轮,尽力左右摇动车轮或者摇动横拉杆,如图7-5所示。如有移动,表明球头出现间隙。

(4)目视检查左前横拉杆末端的橡胶防尘套有无破裂及损坏,润滑脂有无泄漏等,如图7-6所示。

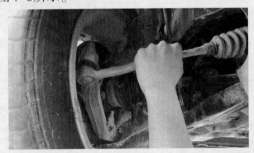
图7-5 检查横拉杆球头松旷

图7-6 检查横拉杆防尘套

注意:如果球头变脏,用抹布擦拭干净以便确切检查防尘套的状况,并且防尘套的四周都要检查到;泄漏的润滑脂会因污物而变黑,检查时要确认是否是润滑脂,是否有金属颗粒。

(5)用同样的方式检查右前横拉杆球头。

4 现场整理

(1)降下车辆,锁好车门,将举升机臂归位。

(2)清洁地面、将工具清洁并归回原位。

引导问题6 如何检查和更换转向助力油?

1 准备工作

将车辆停放至举升机中央位置,拉起驻车制动器操纵杆、挂P挡(或空挡)。

2 检查转向助力油

（1）将车辆停放在水平地面上，使车轮处于直行位置。

（2）起动发动机，发动机达到正常工作温度后左右转动转向盘，使转向助力油温度达到50～80℃，关闭发动机。由于动力转向装置中油液流通的通道弯曲而细小，而且正常工作温度较冷态时温差较大，所以油面高度应在热状态下确定。

（3）观察液面，应处于MAX（上限）和MIN（下限）之间，如图7-7所示。当液面高度低于MIN液位时，则需添加转向助力油，且规格型号应与原使用油液相同。

 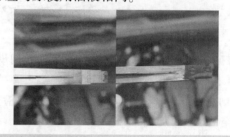

图7-7 检查转向助力油的液面高度

（4）观察转向助力油液若出现起泡或发白，应换油。

3 更换转向助力油

（1）在确保安全的情况下举升车辆至低位并锁止举升机。

（2）在动力转向装置放油螺塞或回油管接头下方放置容器，松开动力转向装置下的放油螺塞或回油管，也可采用抽油设备将油液抽出（图7-8）。

（3）起动发动机怠速运转，一面排油，一面将转向盘反复打到底，直至转向助力油排净。

（4）安装放油螺塞或回油管接头。

（5）添加转向助力油时，应向储油罐内加注规定牌号的液压油至规定液面，并用滤网过滤，以免杂质混入油中。

注意：由于无法完全将动力转向装置中的转向助力油排放干净，可加入新油后重复上述步骤，进行清洗。

（6）在发动机怠速运转情况下，左右转动转向盘，但不要打死，直到油液中没有气体存在，油液呈现乳白色为止（图7-9），此过程中要注意观察转向助力油液面高度，油面过低时会再进入空气，因此应随时添加转向助力油，维持标准液面高度。

图7-8 抽出转向助力油　　图7-9 转向助力油排气

(7)把转向盘转到直行位置,让发动机继续运转2~3min,观察油液是否发白,若不发白即可停止发动机运转。汽车进行路试后,再进行检查油面高度是否符合要求。

(8)以上步骤完成后,再进行动力转向装置密封性检查

4 现场整理

(1)降下车辆,锁好车门,将举升机臂归位。

(2)清洁地面,将工具清洁并归回原位。

二、实施作业

根据实训车辆实际情况检查并更换转向助力油。

要求:

(1)根据"学习资料"和查阅资料完成"检查与更换转向助力油工作任务书"(表7-1)的制定。

检查与更换转向助力油工作任务书　　　　表7-1

作业名称		作业时间		作业人	
作业条件					
工具		量具		设备	材料
工序及过程记录					
序号		作业项目		操作记录	数据记录
1	准备工作	将车辆停放至举升机中央位置,拉起驻车制动器操纵杆、挂P挡(或空挡)			
2	检查转向助力油	(1)			
3		(2)			
4		(3)			
5		(4)			
6	更换转向助力油	(1)			
7		(2)			
8		(3)			
9		(4)			
10		(5)			
11		(6)			
12		(7)			
13		(8)			
14		(9)			
15		(10)			
16		(11)			

续上表

序号	作业项目		操作记录	数据记录
17	5S	(1)		
18		(2)		
小结:找出在操作过程中出现的问题,分析原因,提出解决措施				

（2）两人合作按照工艺完成实践操作,将作业过程和检查的数据进行记录,其中"操作记录"一栏对于完成的工序打"√","数据记录"一栏填写检查的数据或关键的数据,例如拧紧力矩、液面高度、用油量等。

三、评价反馈

根据实际操作情况评价,填写表7-2。

检查与更换转向助力油作业考核表　　　　　　表7-2

日期		操作时间		考评人	
工作过程评价					
检查与更换转向助力油,操作时间为25min,完成工作过程记录,考核结束后,进行情景会话					
序号	考核项目	评分指标	配分	评分标准	得分
1	作业前准备	工作任务书编制	10	未准备扣5分	
2	检查转向助力油	(1)检查方法正确; (2)会正确判断结果	15	每次错误扣2分,扣完为止	
3	更换转向助力油	(1)能正确拆装零部件; (2)撒漏油液能及时清理; (3)能对系统进行排气	20	每次错误扣2分,扣完为止	
4	步骤	步骤完整,没有遗漏,无逻辑错误	15	每次错误扣5分,扣完为止	
5	5S	(1)工作场地始终保持干净; (2)工具始终干净,摆放整齐; (3)所有物品恢复原状	5	每次错误扣2分,扣完为止	
6	安全文明生产	(1)遵守安全操作规程,正确使用工具; (2)无任何人身伤害和设备的损坏	10	不文明或野蛮操作,每次扣5分,扣完为止,情节严重者停止操作,违规操作发生重大事故,此项记0分	
7	情景问答	提出2个与本学习任务有关的问题	10	每题5分,酌情扣分	
8	任务书填写	(1)内容正确、完整; (2)字迹工整、清晰	10	每次错误扣1分,扣完为止	

续上表

序号	考核项目	评分指标	配分	评分标准	得分
9	时间	(1)操作时间为25min； (2)小结时间不计算操作时间	—	每超时1min扣2分	
10	小结	(1)总结全面,能分析错误原因； (2)不弄虚作假,抄袭,自行完成	10	(1)发现抄袭,弄虚作假,本项记0分； (2)结合实际内容酌情扣分	
		总计	100		
评语					

四、学习拓展

1 选择题

(1) 在转向系统中普及率较高的有（　　）。
　A. 液压助力转向(HPS)　　　B. 电控液压助力转向(EHPS)
　C. 电动助力转向(EPS)　　　D. 机械转向

(2) 转向盘自由间隙越大,路面传递的力越（　　）。
　A. 大　　　B. 小　　　C. 没变化

2 判断题

(1) 助力转向油只要颜色是红色就不需要更换。（　　）
(2) 液压助力转向系统长时间处于极限位置会对转向器造成损害。（　　）

3 简答题

(1) 转向助力油的主要使用性能有哪些?
(2) 在更换转向助力油时如何才能更换得更加彻底?

学习任务八

传动系统维护

本任务共有2个子任务,即检查与调整离合器、检查与更换变速器油和检查传动轴护套及同类零部件等,主要对离合器的结构、变速器油分类和规格、橡胶及塑料件的检查等知识进行简要回顾,并结合车辆使用情况分析离合器定期检查、变速器油检查与更换及橡胶件检查的原因进行分析,以科鲁兹轿车为例进行等离合器检查与调整、变速器油的检查与更换和传动轴护套及同类零部件检查进行示范。

 检查与调整离合器

学习目标

完成本任务学习后,你应该掌握1个知识点和1个技能点:
1. 离合器的结构和失效原因;
2. 会正确进行离合器检查与调整。

 建议完成本任务的时间为4课时。

 学习任务

一辆雪铁龙爱丽舍轿车在急加速时发现发动机转速升高,但是车速提升不明显,后经检查确定是离合器踏板行程过短导致。

请你通过学习和训练,完成离合器的检查与调整作业。

一、资料收集

引导问题1 什么是汽车的传动系统？主要由哪些部分组成？各部分功能是什么？

汽车传动系统是指从发动机到驱动车轮之间所有动力传递装置的总称。其功能是将发动机的动力传给驱动车轮。

不同的汽车，其传动系统的组成稍有不同。如载货汽车及部分轿车，其传动系统一般由离合器、手动变速器、万向传动装置(万向节和传动轴)、驱动桥(主减速器、差速器、半轴、桥壳)等组成。而现在轿车中采用自动变速器的越来越多，其传动系统包括自动变速器、万向传动装置、驱动桥等，即用自动变速器取代了离合器和手动变速器；如果是越野汽车(包括SUV，即运动型多功能车)，则还应包括分动器。

传动系统各组成部分及其功能如下：
(1) 离合器：保证换挡平顺，必要时中断动力传动。
(2) 变速器：变速、变矩、变向、中断动力传动。
(3) 万向传动装置：实现有夹角和相对位置经常发生变化的两轴之间的动力传动。
(4) 主减速器：将动力传给差速器，并实现降速增矩、改变传动方向。
(5) 差速器：将动力传给半轴，并允许左右半轴以不同的转速旋转。
(6) 半轴：将差速器的动力传给驱动车轮。

引导问题2 离合器的结构是怎样的？

离合器是汽车传动系统的重要组成部分，安装在发动机与手动变速器之间，其功用是使发动机与传动系统逐渐接合，保证汽车平稳起步；暂时切断发动机的动力传动，保证变速器换挡平顺；限制所传递的转矩，防止传动系统过载。

目前，普通家用轿车上多使用膜片弹簧式离合器(图8-1)和液压式操纵机构(图8-2)，液压式操纵机构由离合器踏板、离合器主缸、离合器工作缸(或称为离合器分泵)、分离叉等组成。离合器工作缸与膜片弹簧之间预留有一定距离，即离合器的自由间隙(图8-3)，反映到离合器踏板上即为离合器自由行程(图8-4)。

引导问题3 为什么要进行离合器踏板检查与调整？

离合器在使用的过程中，离合器片的主要消耗形式是磨损，当磨损到一定极限就会使得离合器传动效能急剧下降，出现离合器打滑，发动机动力无法顺利地传递给变速器；同时，跟驾驶人的驾驶习惯也有很大关系，例如发动机高转时离合器处于半联动状态时间过长容易导致离合器烧蚀等，而离合器的这些故障不容易发现，唯一变化在离合器踏板与车辆运行状况之间的操控感觉,所以在进行维护时应对离合器踏板进行检查,确保离合器工作正常。

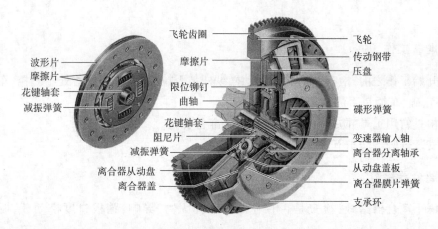

图 8-1　膜片弹簧式离合器

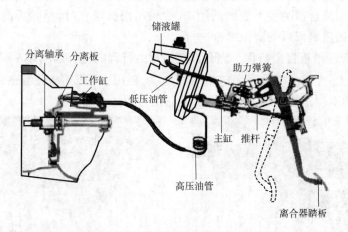

图 8-2　液压式操纵机构

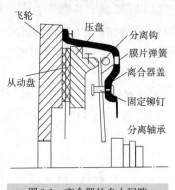

图 8-3　离合器的自由间隙

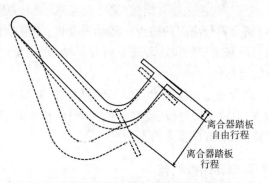

图 8-4　离合器自由行程

引导问题4　如何进行离合器踏板检查与调整？

1　准备工作

（1）开始工作之前，检查车辆驻车制动操纵杆是否拉起、变速杆是否处于P挡、车轮挡块是否安装正确、车辆是否停放稳固。

（2）检查常用工具、防护套件、工单等是否准备齐全。

（3）安装驾驶室防护五件套。

2　离合器检查

（1）踩下离合器踏板，检查是否存在踏板回弹无力、异响、踏板过度松动、踏板沉重等故障。

（2）检查离合器踏板高度。离合器踏板高度的检查如图8-5所示，掀起地毯或地板革，用直尺测量地面到离合器踏板上表面的距离，如果超出标准，应调整踏板高度，离合器踏板高度的调整可以通过踏板后的限位螺栓进行

（3）检查离合器踏板自由行程。离合器踏板自由行程的检查如图8-6所示，用一个直尺抵在驾驶室地板上，先测量踏板完全放松时的高度，再用手轻按踏板，当感到阻力增大时再测量踏板高度，两次测量的高度差即为踏板的自由行程。

图8-5　检查离合器踏板高度

图8-6　检查离合器踏板自由行程

（4）离合器分离点的检查。起动发动机，使发动机怠速运转，在没有踩下离合器踏板时慢慢地换挡到倒车挡。逐渐踩下离合器踏板，测量踏板的自由行程到齿轮噪声停止进入啮合位置的行程量。

（5）离合器工作情况检查。车辆可靠驻停，拉起驻车制动操纵杆，起动发动机，发动机怠速运转，踩下离合器踏板，换到1挡或倒挡，检查是否有声、是否换挡平稳，如果有噪声或换挡不平稳，说明离合器分离不彻底。

3　离合器踏板调整

踏板自由行程的调整，液压式操纵机构一般是调整主缸推杆的长度，先将主缸推杆锁紧

螺母旋松,然后转动主缸推杆,从而调整踏板自由行程,调整后应将锁紧螺母旋紧。有些车辆的操纵机构具有自调装置,可以免除离合器踏板自由行程的调整。

(1)如果离合器踏板上装有开关或调整螺栓,则应调整螺栓的位置,而不应触动离合器踏板。

(2)松动螺杆上的锁紧螺母,转动推杆并调整离合器踏板的高度。测量踏板高度时应从地板开始测量,而不应从地毯开始,并且应与踏板操作平面垂直。

(3)确定离合器踏板行程符合技术规定。

(4)拧紧锁紧螺母。

(5)如果需要的话,依据维修手册调整开关位置。

(6)在转轴等部位涂抹润滑脂。

4 现场整理

(1)降下车辆,锁好车门,将举升机臂归位。

(2)清洁地面,将工具清洁并归回原位。

二、实 施 作 业

根据实训车辆实际情况检查和调整离合器。

要求:

(1)根据"学习资料"和查阅资料完成"检查和调整离合器工作任务书"(表8-1)的制定。

检查和调整离合器工作任务书　　　　　　　表8-1

作业名称			作业时间		作业人	
作业条件						
	工具		量具	设备		材料
工序及过程记录						
序号	作业项目			操作记录		数据记录
1	准备工作	将车辆停放至举升机中央位置,拉起驻车制动器操纵杆、挂P挡(或空挡)				
2	检查离合器	(1)				
3		(2)				
4		(3)				
5		(4)				
6		(5)				

续上表

序号	作业项目		操作记录	数据记录
7	更换转向助力油	(1)		
8		(2)		
9		(3)		
10		(4)		
11		(5)		
12		(6)		
13		(7)		
14	5S	(1)		
15		(2)		
小结:找出在操作过程中出现的问题,分析原因,提出解决措施				

（2）两人合作按照工艺完成实践操作,将作业过程和检查的数据进行记录,其中"操作记录"一栏对于完成的工序打"√","数据记录"一栏填写检查的数据或关键的数据,例如拧紧力矩、液面高度、用油量等。

三、评 价 反 馈

根据实际操作情况评价,填写表8-2。

检查和调整离合器作业考核表　　　　　　　　表8-2

日期		操作时间			考评人	
工作过程评价						
检查和调整离合器,操作时间为25min,完成工作过程记录,考核结束后,进行情景会话						
序号	考核项目	评分指标		配分	评分标准	得分
1	作业前准备	工作任务书编制		10	未准备扣5分	
2	检查离合器	(1)检查方法正确; (2)会正确判断结果		15	每次错误扣2分,扣完为止	
3	调整离合器	(1)能正确调整离合器; (2)调整结果正确		20	每次错误扣2分,扣完为止	
4	步骤	步骤完整,没有遗漏,无逻辑错误		15	每次错误扣5分,扣完为止	
5	5S	(1)工作场地始终保持干净; (2)工具始终干净,摆放整齐; (3)所有物品恢复原状		5	每次错误扣2分,扣完为止	

续上表

序号	考核项目	评分指标	配分	评分标准	得分
6	安全文明生产	(1)遵守安全操作规程,正确使用工具; (2)无任何人身伤害和设备的损坏	10	不文明或野蛮操作,每次扣5分,扣完为止,情节严重者停止操作,违规操作发生重大事故,此项记0分	
7	情景问答	提出2个与本学习任务有关的问题	10	每题5分,酌情扣分	
8	任务书填写	(1)内容正确、完整; (2)字迹工整、清晰	10	每次错误扣1分,扣完为止	
9	时间	(1)操作时间为25min; (2)小结时间不计算操作时间	—	每超时1min扣2分	
10	小结	(1)总结全面,能分析错误原因; (2)不弄虚作假,抄袭,自行完成	10	(1)发现抄袭,弄虚作假,本项记0分; (2)结合实际内容酌情扣分	
	总计		100		
评语					

四、学习拓展

1 选择题

(1)当汽车膜片弹簧离合器的从动盘磨损时,膜片弹簧对压盘的压力将(　　)。
  A.减小　　　　B.增大　　　　C.不变　　　　D.消失
(2)离合器最容易磨损的零件为(　　)。
  A.分离轴承　　B.从动盘　　　C.压盘　　　　D.分离杠杆

2 判断题

(1)离合器磨损至极限时会导致离合器打滑。　　　　　　　　　　　(　　)
(2)采用液压式操纵机构的离合器自由间隙为0。　　　　　　　　　　(　　)

3 简答题

请简述离合器踏板检查作业的主要内容及方法。

子任务 2　检查与更换变速器油

学习目标

完成本任务学习后,你应该掌握2个知识点和1个技能点:
1. 变速器油的类型和选用;
2. 变速器油的更换周期和工艺流程;
3. 会进行变速器油的检查和更换。

  建议完成本任务的时间为 4 课时。

  学习任务

案例:一辆雪佛兰科鲁兹自动挡轿车行驶了 60000km,车主王先生将车开到 4S 店进行维护,需要更换变速器油。

请你通过学习和训练,完成变速器油的检查和更换作业。

一、资料收集

引导问题 1　变速器油的作用是什么?有哪些类型?

变速器油根据变速器结构的不同分为自动变速器油和手动变速器油。

1　自动变速器油

自动变速器油(AutomaticTransmissionFluid,ATF)是专门用于自动变速器的油液。它既是液力变矩器的传动油,又是行星齿轮结构的润滑油和换挡装置的液压油。现在,自动变速器油应用较为广泛的标准是通用 DEXRON 标准和美国福特 MERCON 标准。

DEXRON 标准是根据美国通用汽车公司(GM)的标准来划分的:分为 DEXRON Ⅰ、EXRON Ⅱ、DEXRON Ⅲ、DEXRON Ⅵ等,越往后质量等级越高。DEXRON 标准级别越高越能满足不同的变速器的要求,并且符合的变速器要求更多。DEXRON Ⅲ是兼容 DEXRON Ⅱ,DEXRON Ⅵ也能用于 DEXRON Ⅲ所推荐的变速器(除部分手动变速器以外)。

DEXRON 标准是应用最广泛的标准。如美孚、壳牌、埃索、嘉实多、BP、ACDelco 等品牌,基本都是属于 DEXRON 类型,如图 8-7 所示。

a)美孚　　　　b)ACDelco　　　　c)佳能　　　　d)嘉实多

图8-7　各品牌自动变速器油

2 手动变速器油

目前,国内汽车齿轮油的分类方法也有两种:一种是按黏度分类,其分类标准参照 SAE 黏度分类(SAEJ306)执行,具体见表8-3;另一种是按使用性能分类,执行标准为 GB/T7631.7—1995《润滑剂和有关产品(L类)的分类第7部分:C 组(齿轮)》的附录 B,见表8-4。

我国汽车齿轮油的黏度分类表　　　　表8-3

黏度牌号	达到150Pa·s 的最高温度(℃)	100℃时运动黏度(mm²/s)	
		最低	最高
70W	-55	4.1	—
75W	-40	4.1	—
80W	-26	7.0	—
85W	-12	11.0	—
90	—	13.5	24.0
140	—	24.0	41.0
250	—	41.0	—

我国汽车齿轮油使用级别与 API 分类对应关系　　　　表8-4

汽车齿轮油	普通车辆齿轮油	中负荷车辆齿轮	重负荷车辆齿轮油
API 分类号	GL-3	GL-4	GL-5

通常按照汽车使用说明书规定选择与该车型相适应的齿轮油的黏度等级及使用标号,还可参照下列原则选用齿轮油。

(1)根据当地季节气温选择齿轮油的黏度级别。齿轮油的黏度级别有 70W、75W、80W、85W、90、140 和 250 号等标号,分别适用于最低气温 -55℃、-40℃、-20℃、-12℃、-10℃、10℃和20℃的地区,应对照当地季节最低气温适当选用齿轮油的黏度级别。

(2)根据齿轮类型和工况选择齿轮油的使用性能级别。对于一般工作条件下的螺旋锥齿轮主减速器(驱动桥)、变速器和转向器等总成,可选用普通车辆齿轮油;对准双曲面圆弧齿轮主减速器,必须根据工作条件选用中负荷车辆齿轮油或重负荷齿轮油。

引导问题2　变速器油为什么需要定期检查？

变速器油使用的时间长了会产生油垢,所以就有可能形成油泥,这样会加大各摩擦片和各个部件的磨损,这样也会影响系统的油压,以至于动力传递受到影响。脏油里的油泥会使各个阀体中的阀体移动不畅,油压控制受到更大的影响,这样的话,自动变速器就会出现异常。因此,自动变速器油到期后,一定要及时更换。

用久了的变速器油黏度会变稀,导致润滑性能下降,密封性能下降,阻力升高磨损增加,造成压力不稳定,影响液压系统工作精度;变速器控制精度下降,换挡精度降低,平顺性、响应速度都会受到影响,变质以后的油液冷却性能和防氧化性能下降,容易产生油温过高等问题,恶性循环,进一步缩短油液和变速器零部件寿命。

要提醒大家,自动变速器比发动机要脆弱得多,而且也很"挑食",一定要根据您车辆自动变速器的型号来进行选购变速器油,自动变速器油、手动变速器油、无级变速器油也并不通用。

其实做好自动变速器的维护中,变速器油液的选用、检查、更换是非常重要的内容,且维护却并不困难,因为自动变速器的故障有80%以上是由于自动变速器油变质而引起的,所以做好了自动变速器油的检查和更换,实际上就是做好了自动变速器的维护,就可以延长自动变速器的使用寿命。

引导问题3　对变速器油要进行哪些检查？

在对变速器进行维护时,对变速器油的检查是极其重要的工作,检查内容包括油质、油量检查和漏油检查。

检查油质、颜色、气味和杂质,确定变速器油是否因高温而变质,变速器油应该干净,如颜色变黑、有烧焦味且含有杂质,则需更换。

变速器油面高度不正常造成的故障,在变速器常见故障中占20%~30%,车辆在维护过程中必须检查变速器油的油面高度,油面高度过低会使变速器润滑和冷却不良,加剧零部件的磨损,油面过高会加剧变速器油的泡沫化(自动变速器),增加换挡冲击。

当变速器的油封、密封垫、油底壳等出现漏油时,应及时查找漏油部位,进行维修。

引导问题4　如何检查与更换变速器油？

1　准备工作

(1)领取备件:自动变速器油(ATF油)。

(2)工具准备:油液加注工具、油液回收机、抹布、油盆、世达150件套、雪佛兰专用检测仪、雪佛兰科鲁兹维修手册等。

(3)将车辆停放至举升机中央位置,拉起驻车制动器操纵杆、挂 P 挡,安装防护五件套,拉发动机舱盖释放杆,打开发动机舱盖,安装翼子板布和前格栅布。

2 排放变速器油

(1)在安全的前提下举升车辆至高位。
(2)拆下左前防溅罩和下前舱隔声板。
(3)拆下放油螺塞,将变速器油排入合适的容器。
(4)在 10min 内将变速器油排放干净,检查变速器油量。检查收集的变速器油中是否有燃烧的油残留物、金属碎屑和其他异物,若有,则需查找原因。
(5)安装放油螺塞并紧固至 12N·m。

3 加注变速器油

(1)降下车辆。
(2)在未断开电气连接器的情况下,拆下发动机控制模块并悬挂在一边。
(3)拆下变速器通风软管和油加注口盖。
(4)加注与排放的变速器油等量的新变速器油,如图 8-8 所示。
(5)安装油加注口盖和变速器通风软管。

图 8-8 加注新变速器油

4 检查油位

(1)起动发动机。
(2)踩下制动踏板并将换挡杆挂到每个挡位,且在每个挡位停顿 3s。然后将换挡杆挂回驻车挡(P)。使发动机以 800r/min 的速度怠速运行至少 3min,从而使油液泡沫消散、油位稳定。松开制动踏板。
(3)保持发动机运转,通过驾驶人信息中心或者故障诊断仪观察变速器油温度(TFT)。当变速器油温度(TFT)为 85~95℃时(图 8-9),方能检查变速器油位。
(4)举升车辆至高位。
(5)将接油盘放置合适位置,拆下油位螺塞,观察油位螺塞孔是否有油液流出(图 8-10)。若没有油流出,需加注一定量的变速器油后,进行下一步检查。
(6)降下车辆。
(7)拆下变速器通风软管和变速器油加注口盖。
(8)车辆怠速运行时,通过油加注口盖孔加注油液,直至油从油位螺塞孔中流出,直到油液开始滴落。
(9)停止发动机。
(10)安装变速器油加注口盖和变速器通风软管。
(11)安装发动机控制模块。

(12)举升车辆。

(13)安装油位螺塞并紧固至12N·m。

(14)安装左前防溅罩、前舱隔声板。

(15)降下车辆。

图8-9 变速器油温度(TFT)为85~95℃

图8-10 观察油位

5 现场整理

(1)降下车辆,锁好车门,将举升机臂归位。

(2)清洁地面,将工具清洁并归回原位。

二、实 施 作 业

根据车辆实际情况进行检查与更换变速器油。

要求:

(1)根据"学习资料"和查阅资料完成"检查与更换变速器油工作任务书"(表8-5)的制定。

检查与更换变速器油工作任务书   表8-5

作业名称		作业时间		作业人	
作业条件					
工具		量具		设备	材料
工序及过程记录					
序号	作业项目			操作记录	数据记录
1	准备工作	(1)			
2		(2)			
3		(3)			

续上表

序号	作业项目		操作记录	数据记录
4	排放变速器油	(1)		
5		(2)		
6		(3)		
7		(4)		
8		(5)		
9		(6)		
10	加注变速器油	(1)		
11		(2)		
12		(3)		
13		(4)		
14		(5)		
15		(6)		
16	检查油位	(1)		
17		(2)		
18		(3)		
19		(4)		
20		(5)		
21		(6)		
22		(7)		
23		(8)		
24		(9)		
25		(10)		
26		(11)		
27		(12)		
28		(13)		
29		(14)		
30		(15)		
31	5S	(1)		
32		(2)		
小结：找出在操作过程中出现的问题，分析原因，提出解决措施				

(2) 两人合作按照工艺完成实践操作，将作业过程和检查的数据进行记录，其中"操作记录"一栏对于完成的工序打"√"，"数据记录"一栏填写检查的数据或关键的数据，例如拧紧力矩、液面高度等。

三、评价反馈

根据实际操作情况评价,填写表8-6。

检查和更换变速器油作业考核表 表8-6

日期		操作时间		考评人		
工作过程评价						
对车辆进行变速器油检查和更换,操作时间为15min,完成工作过程记录,考核结束后,进行情景会话						
序号	考核项目	评分指标	配分	评分标准		得分
1	作业前准备	工作任务书编制	10	未准备扣5分		
2	领取材料	(1)材料选择正确; (2)用量准确	5	每次错误扣1分		
3	举升机使用	(1)举升机支点安装正确; (2)举升高度合理	5	安装位置不正确扣5分,高度不合理扣3分		
	排放变速器油	(1)变速器油排放方法正确; (2)排放的旧变速器油处理得当	6	每次错误扣2分,扣完为止		
	加注变速器油	(1)加注位置正确; (2)加注量正确; (3)零部件拆卸方法正确	6	每次错误扣2分,扣完为止		
	检查油位	(1)预热方法正确且温度合适; (2)检查方法正确	8	每次错误扣2分,扣完为止		
4	步骤	步骤完整,没有遗漏,无逻辑错误	15	每次错误扣5分,扣完为止		
5	5S	(1)工作场地始终保持干净; (2)工具始终干净,摆放整齐; (3)所有物品恢复原状	5	每次错误扣2分,扣完为止		
6	安全文明生产	(1)遵守安全操作规程,正确使用工具; (2)无任何人身伤害和设备的损坏	10	不文明或野蛮操作,每次扣5分,扣完为止,情节严重者停止操作,违规操作发生重大事故,此项记0分		
7	情景问答	提出与本学习任务有关的问题2个	10	每题5分,酌情扣分		
8	任务书填写	(1)内容正确、完整; (2)字迹工整、清晰	10	每次错误扣1分,扣完为止		
9	时间	(1)操作时间为15min; (2)小结时间不计算操作时间	—	每超时1min扣2分		
10	小结	(1)总结全面,能分析错误原因; (2)不弄虚作假,抄袭,自行完成	10	(1)发现抄袭,弄虚作假,本项记0分; (2)结合实际内容酌情扣分		
		总计	100			
评语						

四、学习拓展

1 选择题

(1) 自动变速器中的油泵是由( )驱动的。
　A. 电动机　　　　　　　　　B. 液压
　C. 发动机通过变矩器泵轮　　　D. 输出轴
(2) 一般情况下,自动变速器油(ATF)的更换里程为2年或( )km。
　A. 2000　　　B. 60000　　　C. 10000　　　D. 4000

2 判断题

(1) 现在,很多汽车生产厂家宣传自动变速器为终生免维护,所以自动变速器油不需要更换。　　　　　　　　　　　　　　　　　　　　　　　　　　　　　　( )
(2) 自动变速器和手动变速器的润滑油是通用的。　　　　　　　　　　　( )

3 简答题

(1) 简述液力变矩器中的ATF油无法更换的原因。
(2) 简述自动变速器油液面检查的方法。

 检查传动轴护套及同类零部件

学习目标

完成本任务学习后,你应该掌握2个知识点和1个技能点:
1. 常见橡胶件和塑料件;
2. 橡胶件和塑料件的常见失效形式;
3. 会检查橡胶件和塑料件。

 建议完成本任务的时间为2课时。

 学习任务

案例:王先生驾驶的科鲁兹轿车购买时间已超过5年,行驶里程超过8万km。最近发现车辆在转弯时发生异响,到服务站检查后发现左外侧驱动轴护套破裂,导致灰尘进入转向驱动轴,致使驱动轴发生损坏,服务站建议更换转向驱动轴及护套。

请你通过学习和训练,完成橡胶件和塑料件检查作业。

一、资料收集

引导问题1 工程塑料具有哪些特性？

汽车制造技术的主要进步之一就是越来越广泛的采用新的结构材料，其中最有前途的是合成材料，特别是工程塑料。工程塑料就是具有工程特性的高分子合成材料。

塑料和其他材料相比其密度小，同体积的零件其质量较金属材料轻。塑料的质量比热较大，热传导率小，热膨胀系数大，容积比热较小，所以它基本上不能在200℃以上工作。塑料与金属材料相比抗拉强度较低、弹性模量较小、摩擦系数较小，同时具有较好的绝缘性能。

引导问题2 工程塑料容易出现的失效形式有哪些？

塑料件最常见的失效形式是老化，塑料在自然条件下长期放置，逐渐地起物理化学变化，将引起变色、变形、龟裂，从而降低其力学性能等。引起老化的原因是零件使用的环境条件，如：热和光的作用；氧、臭氧及其他元素的作用；风和雨的作用；机械外力的作用等，其中氧化对老化的影响最大。

同时，塑料件也会因为载荷变化、温度变化等会导致疲劳破坏、磨损，容易在表面产生刮痕。

引导问题3 汽车上常见的橡胶件有哪些？

汽车上使用的橡胶制品主要有轮胎、皮带、散热器热水胶管、燃油胶管以及各类油封等。

引导问题4 为什么要定期检查橡胶件和塑料件？

1 轮胎

汽车行驶时，轮胎在负荷和路面阻力的作用下，连续发生复杂的形变，使内部受力和发热。温度的升高，将严重地影响橡胶的性能和轮胎的组织，从而大大地增加了轮胎的磨损而缩短其使用寿命。

轮胎气压不足将使轮胎侧弯曲变形加大，各层帘布之间的摩擦加剧，轮胎过度发热，橡胶耐磨性和帘线强度降低，使得胎侧内壁的帘线松散断裂，缺气过多时甚至碾烂；胎体脱层和胎面剥离，脱层处常因帘线和橡胶磨成粉末积聚而形成灰色，明显的损害是胎面磨损快，同时因轮胎接地面积大、胎肩部位加速磨损，也使滚动阻力增加，因而燃料消耗也增加。

轮胎气压过高会导致帘线过度伸张,甚至拉断;接地面积减小,胎面中部磨损增加,在花纹底部开裂。

另外,轮胎因变形摩擦而发出热量,促使胎温升高。当超过一定的温度时(一般为100℃左右)胎体强度大大降低,很容易引起脱层、爆破损坏等。

2 橡胶管

1)燃油橡胶软管

燃油胶管由内层橡胶和外层橡胶两种不同橡胶双层复合而成。内层采用的是耐汽油性能的 NBR,外层则采用耐臭氧性能优良的聚环氧氯丙烷橡胶。此外,靠近发动机位置的燃油胶管使用了氟橡胶,它的损伤形式主要是高温老化。

2)散热器水管

冷却液中加有乙二醇防冻液和防锈液。因此,热水胶管除要求耐热性能外,还要求耐腐蚀性能优良。过去以 SBR 为主,现在主要采用耐热性优良的 EPDM。其损伤形式主要也是老化。

3)液压油管

液压制动系统输油和转向助力系统的供油管,其寿命主要由介质的性质、环境温度和工作负荷所决定。在某些使用位置上的部件,振动和冲击等外力也会成为老化的因素。

3 油封件

油封件由它的工作特点决定了对其耐疲劳性的要求很高。同时还受液体的性质和环境温度的影响,因此其主要损伤形式是老化和机械破坏。

4 减振橡胶缓冲块

发动机橡胶支承块,要求具有良好的动态抗疲劳特性。从耐久性考虑,还要求具有高温机械特性,主要使用 NR 材料。但目前也采用具有良好减振性和防振性的 SBR/BR 和丁基橡胶。另外,提高减振性会使耐久性不稳定,故应综合考虑。

引导问题5 如何检查汽车橡胶件及塑料件?

1 作业准备

(1)开始工作之前,检查车辆驻车制动操纵杆是否拉起、变速杆是否处于 P 挡、车轮挡块是否安装正确、车辆是否停放稳固。

(2)插入点火钥匙,解锁转向盘。

(3)检查常用工具、防护套件、工单等是否准备齐全。

(4)安装驾驶室防护五件套,打开发动机舱盖,安装翼子板防护布。

2 检查发动机舱橡胶件及塑料件

（1）检查冷却系统暖风软管、膨胀水壶连接软管、发动机与散热器连接管路、节气门加热管路、真空助力器真空管路是否老化（图8-11）、裂纹、漏水和损坏，拉动接头检查安装是否松动，检查接头处是否有泄漏情况。

（2）目视检查发动机减振橡胶是否老化、破损。

（3）目视检查传动皮带是否老化、裂纹或损伤，按压传动皮带查验张紧力是否合适。

（4）目视检查燃油管路是否有扭结、排布不正确、扭曲、磨损、固定器缺失或损坏。

3 检查车辆底部橡胶件及塑料件

（1）安全举升车辆至最高处落锁，确认车辆安全后才能进入操作。

（2）将左前轮向左转到极限位置，慢慢转动左前轮，捏外侧驱动轴护套，旋转车轮一圈以上，检查护套是否有老化、裂纹、腐蚀和损坏；捏内侧驱动轴护套，旋转车轮一圈以上，同时检查是否有老化、裂纹、腐蚀和损坏，如图8-12所示。

图8-11 橡胶管老化龟裂

图8-12 检查驱动轴防尘套

（3）检查左侧转向横拉杆球头护套及转向器防尘套是否有老化、裂纹、腐蚀和损坏。

（4）检查左侧三角臂球头护套是否有老化、裂纹、腐蚀和损坏。

（5）在右侧横拉杆护套保持拉伸状态时检查是否有老化、裂纹、腐蚀和损坏。

（6）将右前轮向右转到极限位置，慢慢转动左前轮，捏左外侧驱动轴护套，旋转车辆一圈以上，同时检查是否有老化、裂纹、腐蚀和损坏；捏左内侧驱动轴护套，旋转车轮一圈以上，同时检查是否有老化、裂纹、腐蚀和损坏。

（7）检查右侧转向横拉杆球头护套及转向器防尘套是否有老化、裂纹、腐蚀和损坏。

（8）检查右侧三角臂球头护套是否有老化、裂纹、腐蚀和损坏。

（9）在左侧横拉杆护套保持拉伸状态，同时检查是否有老化、裂纹、腐蚀和损坏。

（10）转动车辆前轮至正前位置。

（11）清洁并检查燃油管路及蒸发管路是否有裂纹、磕碰和损坏，拉动燃油管路固定卡扣是否松动，检查燃油管路各接头，查看每个接头是否有漏油现象。

（12）检查油箱是否有磕碰、损坏或变形，固定是否正常。

（13）戴手套后从车辆后部开始检查排气管吊挂是否损坏。

（14）检查各车轮处制动软管是否有扭结、排布不正确、扭曲、磨损、固定器缺失或损坏，接头泄漏、开裂、腐蚀、起泡或鼓起;用手指紧紧按压挠性制动软管,检查是否有软点。检查每个挠性制动软管的全长。

(15)安全降落车辆至地面。

4 整理现场

(1)收回翼子板布、前格栅布和防护五件套,关闭发动机舱盖。

(2)取下车钥匙,收回驾驶舱防护套丢弃至分类垃圾桶,锁好车门。

(3)清洁地面,将工具清洁并归回原位。

二、实 施 作 业

检查橡胶件和塑料件。

要求:

(1)根据"学习资料"和查阅资料完成"检查传动轴护套及同类零部件"(表8-7)的制订。

检查传动轴护套及同类零部件工作任务书　　　　表8-7

作业名称		作业时间		作业人	
作业条件					
工具		量具		设备	材料
工序及过程记录					
序号	作业项目			操作记录	数据记录
1	准备工作	(1)			
2		(2)			
3		(3)			
4	检查冷却系统水管	(1)			
5		(2)			
6		(3)			
7	检查传动皮带	(1)			
8		(2)			
9	检查传动轴防尘套	(1)			
10		(2)			
11		(3)			
12		(4)			

续上表

序号	作业项目		操作记录	数据记录
13	检查传动轴防尘套	(1)		
14		(2)		
15		(3)		
16	5S	(1)		
17		(2)		
18		(3)		
小结：找出在操作过程中出现的问题，分析原因，提出解决措施				

（2）两人合作按照工艺完成实践操作，将作业过程和检查的数据进行记录，其中"操作记录"一栏对于完成的工序打"√"，"数据记录"一栏填写检查的数据或关键的数据，例如拧紧力矩、液面高度等。

三、评价反馈

根据实际操作情况评价，填写表8-8。

检查传动轴护套及同类零部件工作任务书　　　　表8-8

日期		操作时间		考评人		
工作过程评价						
对车辆进行传动轴护套及同类零部件检查，操作时间为15min，完成工作过程记录，考核结束后，进行情景会话						
序号	考核项目	评分指标	配分	评分标准		得分
1	作业前准备	工作任务书编制	10	未准备扣5分		
2	领取材料	(1)材料选择正确； (2)用量准确	5	每次错误扣1分		
3	检查冷却系统水管	(1)方法正确； (2)检查点全面	6	每次错误扣2分，扣完为止		
	检查传动皮带	(1)检查松紧度方法正确； (2)外观检查需仔细	4	每次错误扣2分，扣完为止		
	检查传动轴防尘套	(1)方法正确； (2)检查位置正确	9	每次错误扣3分，扣完为止		
	检查球头防尘套	(1)方法正确； (2)检查位置正确	6	每次错误扣2分，扣完为止		
4	步骤	步骤完整，没有遗漏，无逻辑错误	15	每次错误扣5分，扣完为止		

续上表

序号	考核项目	评分指标	配分	评分标准	得分
5	5S	(1)工作场地始终保持干净； (2)工具始终干净，摆放整齐； (3)所有物品恢复原状	5	每次错误扣2分，扣完为止	
6	安全文明生产	(1)遵守安全操作规程，正确使用工具； (2)无任何人身伤害和设备的损坏	10	不文明或野蛮操作，每次扣5分，扣完为止，情节严重者停止操作，违规操作发生重大事故，此项记0分	
7	情景问答	提出与本学习任务有关的问题2个	10	每题5分，酌情扣分	
8	任务书填写	(1)内容正确、完整； (2)字迹工整、清晰	10	每次错误扣1分，扣完为止	
9	时间	(1)操作时间为15min； (2)小结时间不计算操作时间	—	每超时1min扣2分	
10	小结	(1)总结全面，能分析错误原因； (2)不弄虚作假，抄袭，自行完成	10	(1)发现抄袭，弄虚作假，本项0分； (2)结合实际内容酌情扣分	
	总计		100		
评语					

四、学习拓展

1 选择题

(1)下列不属于汽车上使用的橡胶制品有(   )。
    A.轮胎   B.皮带
    C.散热器热水胶管、燃油胶管   D.牛皮纸垫

(2)塑料件最常见的失效形式是(   )。
    A.损坏   B.老化   C.破裂   D.划痕

2 判断题

(1)传动轴护套破损后，车辆还可行驶一段时间再去更换。(   )
(2)橡胶件上布满裂纹意味着该部件已经老化。(   )

3 简答题

(1)请列出汽车上常见的橡胶件和塑料件。
(2)简述橡胶件和塑料件常见的失效形式和后果。
(3)汽车上哪些部位采用橡胶防尘套进行防护？如何检查？

学习任务九 电气系统维护

本任务共有3个子任务,即检查与更换蓄电池、检查汽车照明与信号系统、检查刮水器及风窗玻璃清洗器,主要对蓄电池、汽车照明及信号系统、刮水器和玻璃清洗器结构等知识进行简要回顾,并结合车辆使用情况对蓄电池、汽车照明及信号系统、刮水器和玻璃清洗器需要定期检查的原因进行分析,以科鲁兹轿车为例进行蓄电池、汽车照明及信号系统、刮水器和玻璃清洗器检查进行示范。

子任务 1 检查与更换蓄电池

学习目标

完成本任务学习后,你应该掌握2个知识点和1个技能点:
1. 蓄电池的结构原理和失效分析;
2. 蓄电池的检查和更换方法;
3. 会进行蓄电池的检查与更换。

 建议完成本任务的时间为 **2 课时**。

 学习任务

案例:一日,张女士准备开车外出办事,打开点火开关,发现车辆仪表没有显示,起动机无法起动,经"电话求助",汽车4S店维修技师初步判断是蓄电池故障造成车辆仪表没有显示,起动机无法起动。

请你通过学习和训练,完成蓄电池的检查与更换作业。

一、资料收集

引导问题 1 蓄电池的作用是什么?

蓄电池是汽车上非常重要的电气部件之一,常见的蓄电池类型有传统铅酸蓄电池和免维护蓄电池。蓄电池不仅可以为车辆提供电能,还能储存电能,可对汽车起动、点火系统点火、车内外照明和其他用电设备供电,还能吸收车内电路产生的瞬间高压,对用电设备进行保护、稳压。

引导问题 2 蓄电池的结构是怎样的?

蓄电池的结构:由壳体、盖板、桩头、观察窗、隔板和极板组等组成,如图 9-1 所示。现在汽车上使用的蓄电池多为免维护铅酸蓄电池。这里仅介绍蓄电池外观可查的部分。

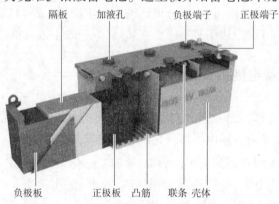

免维护蓄电池 3D 结构展示

图 9-1 免维护铅酸蓄电池结构

蓄电池的壳体以硬橡胶或塑胶模制成,为整体式结构,内部由 6 个互不相通的单体组成,底部有凸起的肋条以安置极板组。

蓄电池的盖板以硬橡胶或塑胶制成,嵌入外壳后以封口胶完全密封,使电解液不能流到外部或邻近的分电池。

现代汽车均使用维护蓄电池,一般其盖板上无加水通气盖。免维护蓄电池在盖板上均设有密度与液面的蓄电池状态观察窗(俗称电眼),以显示蓄电池的充电情况及电解液液面是否过低。

如图 9-2 所示,当蓄电池液面及充电正常时,绿色浮球在中央最高点,从视窗中在黑色区可看到绿色圆圈;当蓄电池液面正常,但充电不足时,绿色浮球在球室下方,从视窗中看不到绿色圆圈,整个是黑色;当蓄电池液面过低时,视窗中看到的是透明色,表示蓄电池需换新。

项目二 典型维护作业

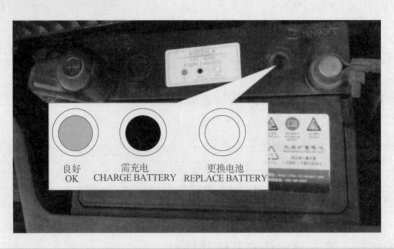

图9-2 免维护蓄电池状态观察窗(电眼)

观察窗只能显示电解液密度是 $1.150g/cm^3$ 或更高,要实际获得准确的读数,必须使用密度计测量。

蓄电池顶部有两个桩头露出,将各分电池的极板串联后,成为输出或输入的总接头。为了便于识别,极桩的上方或旁边刻有"＋""－"标记。一般正极极桩较粗,负极极桩较细。

引导问题3 蓄电池的工作原理是怎样的？

汽车用蓄电池的工作原理：在发电机工作时将电能转化为化学能储存起来,在需要的时候又向各用电器提供化学能转化来的电能。

蓄电池工作原理

铅蓄电池用填满海绵状铅的铅板作负极,填满二氧化铅的铅板作正极,并用22%～28%的稀硫酸作电解质。充电时,电能转化为化学能,放电时,化学能又转化为电能。电池在放电时,金属铅是负极,发生氧化反应,被氧化为硫酸铅；二氧化铅是正极,发生还原反应,被还原为硫酸铅。电池在用直流电充电时,两极分别生成铅和二氧化铅。移去电源后,它又恢复到放电前的状态,组成化学电池。铅蓄电池是能反复充电、放电的电池,称为二次电池。蓄电池的单格电压为2V,汽车上用的是6个单格蓄电池串联成12V的电池组。

引导问题4 蓄电池为什么需要定期检查？

蓄电池是保证汽车各用电器正常的关键部件,但是在日常使用过程中蓄电池在能量转换过程中难免会发生不可逆的反应。例如极板硫化、活性物质脱落、极板栅架腐蚀、极板短路、自放电、极板拱曲等,这些故障除了因为制造瑕疵导致的外,一般是由于使用不当导致的,例如晚上停车后忘记关闭车灯,结果第二天发动机起动不了,很大一部分原因就是由于未及时关闭车灯或用电设备导致蓄电池电量耗尽,此时,蓄电池的性能已经大大降低。

同时也有可能存在外壳裂纹、极柱腐蚀、极柱松动、密封胶干裂等，这些故障一般是因为材料老化、固定不牢等原因导致。

上述故障的产生是不定期的，但是均会影响车辆的正常使用。所以，蓄电池必须定期检查，确保其外观整洁、固定牢固，不产生人为的过度充放电导致的故障。

引导问题5 如何规范地检查蓄电池？如何更换？

1 准备工作

（1）开始工作之前，检查车辆驻车制动操纵杆是否拉起、变速杆是否处于P挡、车辆是否停放稳固。

（2）检查常用工具、防护套件、工单等是否准备齐全。

（3）安装驾驶室防护五件套，打开发动机舱盖，安装翼子板防护布。

2 检查蓄电池状态

（1）确认点火开关处于关闭状态。

（2）检查蓄电池接线柱。检查桩头及接头上是否有白色或绿白色的腐锈物（图9-3）。可先用开水淋白色或绿白色的腐锈物，再用压缩空气吹干或者使用钢丝刷或砂纸刷除腐锈物，必要时，拆下接头清洁后再装回，将黄油或专用防氧化液体涂抹在桩头及极柱上。最后检查蓄电池正极的橡皮保护套有无定位及是否破裂。

（3）检查蓄电池固定情况。蓄电池固定架及固定座锈蚀时，用钢丝刷及小苏打水刷洗，再以清水冲净，最后以耐酸漆喷涂或涂以黄油，以保证蓄电池良好的固定。

（4）蓄电池外壳的检查。检查蓄电池外壳是否龟裂或变形（图9-4）。外壳变形时，注意是否因过度充电所引起。

图9-3 桩头及接头腐锈

图9-4 蓄电池外壳是否龟裂或变形

（5）检查电解液密度。（以免维护蓄电池为例，通过蓄电池状态观察窗观察蓄电池密度状态）

(6)可用万用表检查蓄电池的静态电压,如图9-5所示。若蓄电池电压不低于12V,为正常。若低于12V,说明蓄电池已放电,需要进行充电。

(7)起动发动机,保持发动机转速为2000r/min,用万用表检查蓄电池的充电电压,如图9-6所示。若蓄电池电压不低于14V,为正常。

上述检查也可采用蓄电池测试仪进行。

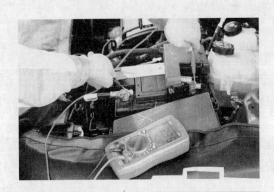
图9-5 检查蓄电池的静态电压

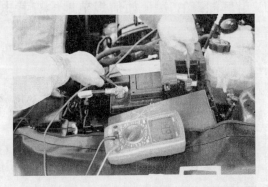
图9-6 检查蓄电池的充电电压

3 更换蓄电池

(1)拆卸蓄电池。若蓄电池不易检查或需要更换时,可进行拆卸。先拆下蓄电池的搭铁线,再拆正极接线。拆下蓄电池压板,从支架中取出蓄电池。

思考: 为什么需要先拆除负极?

(2)安装蓄电池。将固定压板压在蓄电池底部凸缘上。先将蓄电池正极接线接上,然后连接上搭铁线。

(3)打开点火开关,检查车辆起动是否正常。

4 整理现场

(1)收回翼子板防护布并折叠整齐放回规定位置,关闭发动机舱盖。
(2)整理、清洁工具。
(3)取下车钥匙,收回驾驶舱防护套丢弃至分类垃圾桶。
(4)清洁地面。

二、实施作业

检查蓄电池,根据检查结果判断是否更换蓄电池。

要求:

(1)根据"学习资料"和查阅资料完成"检查和更换蓄电池工作任务书"(表9-1)的制定。

检查和更换蓄电池工作任务书

表 9-1

作业名称		作业时间		作业人	
作业条件					
工具		量具		设备	材料

工序及过程记录				
序号	作业项目		操作记录	数据记录
1	准备工作	(1)		
2		(2)		
3	蓄电池外观检查	(1)		
4		(2)		
5	蓄电池电解液密度检查	(1)		
6		(2)		
7		(3)		
8	蓄电池检测仪的使用	(1)		
9		(2)		
10		(3)		
11		(4)		
12		(5)		
13		(6)		
14	蓄电池的更换	(1)		
15		(2)		
16		(3)		
17		(4)		
18		(5)		
19	5S	(1)		
20		(2)		
小结：找出在操作过程中出现的问题，分析原因，提出解决措施。				

(2) 两人合作按照工艺完成实践操作，将作业过程和检查的数据进行记录，其中"操作记录"一栏对于完成的工序打"√"，"数据记录"一栏填写检查的数据或关键的数据，例如拧紧力矩、液面高度、蓄电池状态等。

三、评价反馈

根据实际操作情况评价,填写表 9-2。

检查和更换蓄电池考核表　　　　　　　　表 9-2

日期		操作时间		考评人	
工作过程评价					
对车辆进行蓄电池的检查和更换,操作时间为 25min,完成工作过程记录,考核结束后,进行情景会话					
序号	考核项目	评分指标	配分	评分标准	得分
1	作业前准备	工作任务书编制	10	未准备扣 5 分	
2	蓄电池外观检查	(1)确认点火开关是否处于关闭状态; (2)检查蓄电池接线柱是否有腐蚀、松动、损坏; (3)检查蓄电池固定是否牢固、可靠; (4)检查蓄电池外壳是否龟裂或变形	5	每次错误扣 2 分,扣完为止	
3	检查蓄电池电解液密度	(1)通过蓄电池状态观察窗观察蓄电池状态; (2)使用蓄电池电解液密度检测仪检查电解液密度是否正常	5	每次错误扣 2 分,扣完为止	
4	蓄电池检测仪的使用	(1)正确选择蓄电池的类型; (2)正确选择蓄电池的额定容量标准; (3)正确选择测量条件; (4)对检测结果进行有效分析	10	每次错误扣 2 分,扣完为止	
5	蓄电池的更换	(1)正确拆卸蓄电池; (2)正确安装蓄电池; (3)检查车辆起动是否正常; (4)检查蓄电池充电电压是否正常	10	每次错误扣 2 分,扣完为止	
6	步骤	步骤完整,没有遗漏,无逻辑错误	15	每次错误扣 5 分,扣完为止	
7	5S	(1)工作场地始终保持干净; (2)工具始终干净,摆放整齐; (3)所有物品恢复原状	5	每次错误扣 2 分,扣完为止	
8	安全文明生产	(1)遵守安全操作规程,正确使用工具; (2)无任何人身伤害和设备的损坏	10	不文明或野蛮操作,每次扣 5 分,扣完为止,情节严重者停止操作,违规操作发生重大事故,此项记 0 分	

续上表

序号	考核项目	评分指标	配分	评分标准	得分
9	情景问答	提出2个与本学习任务有关的问题	10	每题5分,酌情扣分	
10	任务书填写	(1)内容正确、完整; (2)字迹工整、清晰	10	每次错误扣1分,扣完为止	
11	时间	(1)操作时间为25min; (2)小结时间不计算操作时间	—	每超时1min扣2分	
12	小结	(1)总结全面,能分析错误原因; (2)不弄虚作假,抄袭,自行完成	10	(1)发现抄袭,弄虚作假,本项记0分; (2)结合实际内容酌情扣分	
	总计		100		
评语					

四、学习拓展

1 选择题

(1)蓄电池充电警示灯属于( )。
   A. 显示装置　　　　　　B. 照明装置
   C. 提醒装置　　　　　　D. 故障报警指示装置

(2)在20℃下,汽车蓄电池电解液密度标准值为( )。
   A. $1.30 \sim 1.35 kg/dm^3$　　　　B. $1.25 \sim 1.29 kg/dm^3$
   C. $1.15 \sim 1.29 kg/dm^3$　　　　D. $1.10 \sim 1.15 kg/dm^3$

(3)影响铅蓄电池额定容量的最大因素是( )。
   A. 单格数　　　　　　　B. 电解液数量
   C. 单格内极板片数　　　D. 温度

2 判断题

(1)蓄电池可以缓和电气系统中的冲击电压。　　　　　　　　　　　　( )
(2)将蓄电池的正负极板各插入一片到电解液中,即可获得12V的电动势。　( )
(3)汽车上有两个电源,蓄电池与发电机串联,共同向用电设备供电。　( )

3 简答题

如何判断蓄电池的状态?

子任务 2 检查汽车照明与信号系统

学习目标

完成本任务学习后,你应该掌握1个知识点和1个技能点:
1. 汽车照明与信号系统的作用、组成及定期检查的原因;
2. 会正确检查汽车照明与信号系统。

 建议完成本任务的时间为4课时。

 学习任务

案例:一位驾驶科鲁兹轿车的车主从外地回家,车行至中途,天已黑,打开前照灯发现前方仍然一片黑暗。

请你通过学习和训练,完成汽车照明与信号系统检查作业。

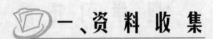
一、资 料 收 集

引导问题1 ▶ 汽车照明与信号系统的作用是什么？主要由哪些部分组成？

汽车照明灯是汽车夜间行驶必不可少的设备。为了提高汽车的行驶速度,确保夜间行车的安全,汽车上有多种照明设备。汽车照明灯可分为外部照明装置和内部照明装置,外部照明灯有前照灯、雾灯(图9-7)、牌照灯,内部照明灯有仪表灯、顶灯。

信号系统主要用于向他人或其他车辆发出警告和示意的信号,有灯光信号和声音信号等类型。信号灯也分为外信号灯和内信号灯,外信号灯指危险警告灯、转向指示灯、制动灯、尾灯、示廓灯、倒车灯;内信号灯泛指仪表板的指示灯,主要有转向、机油压力、充电、制动、关门提示等仪表指示灯(图9-8)。汽车喇叭用以警告行人和其他车辆,引起注意,保证行车安全。

目前,多将前照灯、雾灯、前位灯等组合起来,称为组合前灯(图9-9);将后位灯、后转向信号灯、制动信号灯、倒车灯组合起来称为组合后灯(图9-10)。

引导问题2 ▶ 汽车照明与信号系统为什么需要维护？

汽车照明与信号系统比较常见的失效形式有灯光不亮、灯光亮度低等。

图9-7 前雾灯

图9-8 仪表指示灯

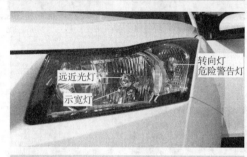

图9-9 组合前灯

图9-10 组合后灯

若前照灯不亮或亮度不够都会导致夜间行驶无法看清道路情况,信号灯不亮会使得发出的信号无法被其他人或车辆接收,可能会导致行车安全事故,所以,必须定期检查外部照明与信号灯是否能正常点亮。导致照明与信号灯不亮的原因主要有灯泡损坏、熔断丝熔断、灯光开关或继电器损坏及线路短路或断路等。

灯光亮度不够,导线接头松动或接触不良、散光镜坏或反射镜有尘垢、灯泡玻璃表面发黑或功率过低及灯丝没有位于反射镜的焦点上,均可导致灯光暗淡。

汽车照明与信号系统与行车安全有着密切的联系,如果该系统不能正常运行,可能会导致行车事故,所以需要定期检查。

引导问题3 如何检查汽车照明与信号系统?

1 准备工作

(1)开始工作之前,检查车辆驻车制动操纵杆是否拉起、变速杆是否处于P挡、车轮挡块是否安装正确、车辆是否停放稳固。
(2)检查常用工具、防护套件、工单等是否准备齐全。
(3)安装驾驶室防护五件套。
(4)插入点火钥匙,并转至"ON"挡。

2 检查车辆前部灯光及仪表指示灯

(1)检查前部组合灯、雾灯外观是否有划痕、破裂和破损,安装是否紧固。

(2)打开示宽灯,检查左右两边示宽灯是否点亮,示宽灯仪表指示灯是否显示正常,如图 9-11 所示。

图 9-11　检查前部示宽灯

(3)打开近光灯,检查左右两边近光灯是否点亮,近光灯仪表指示灯是否显示正常,如图 9-12 所示。

图 9-12　检查近光灯

(4)打开远光灯,检查左右两边远光灯是否点亮,远光灯仪表指示灯是否显示正常,关闭远光灯,如图 9-13 所示。

图 9-13　检查远光灯

(5)打开闪光灯,检查闪光灯是否正常闪光,仪表指示灯是否显示正常,如图 9-14 所示。

(6)打开前雾灯,检查左右两边前雾灯是否点亮,仪表指示灯是否显示正常,如图 9-15 所示。

(7)打开左转向灯,检查前部组合灯左转向灯和车侧左转向灯是否点亮并闪光,左转向灯仪表指示灯是否显示正常,如图 9-16 所示。

图 9-14　检查闪光灯

图 9-15　检查前雾灯

图 9-16　检查左转向灯

（8）打开右转向灯，检查前部组合灯右转向灯和车侧右转向灯是否点亮并闪光，右转向灯仪表指示灯是否显示正常，如图 9-17 所示。

图 9-17　检查右转向灯

（9）打开危险警告灯，检查前部组合灯左右转向灯和车侧转向灯是否点亮并闪光，危险警告灯仪表指示灯是否显示正常，如图9-18所示。

图9-18　检查危险警告灯

3 检查车辆后部灯光及仪表指示灯

（1）检查后部组合灯、雾灯外观是否有划痕、破裂和破损，安装是否紧固。

（2）打开示宽灯，检查左右两边示宽灯是否点亮，示宽灯仪表指示灯是否显示正常，同时检查牌照灯是否点亮，如图9-19所示。

图9-19　检查后部示宽灯

（3）重复踩下制动踏板，检查左右两边制动灯及高位制动灯是否点亮，制动仪表指示灯是否显示正常，如图9-20所示。

图9-20　检查制动灯

（4）踩下制动踏板，挂倒挡，倒挡"R"仪表指示灯是否显示正常，如图9-21所示。
（5）打开后雾灯，检查后雾灯是否点亮，仪表指示灯是否显示正常，如图9-22所示。

图 9-21　检查倒车灯

图 9-22　检查后雾灯

(6) 打开左转向灯,检查后部组合灯左转向灯是否点亮并闪光,左转向灯仪表指示灯是否显示正常。

(7) 打开右转向灯,检查后部组合灯右转向灯是否点亮并闪光,右转向灯仪表指示灯是否显示正常。

(8) 打开危险警告灯,检查后部组合灯左右转向灯是否点亮并闪光,危险警告灯仪表指示灯是否显示正常。

(9) 打开行李舱盖,检查行李舱照明灯是否点亮。

4　检查前照灯冲洗装置(图 9-23)

在泥泞道路或恶劣气候下跟车或会车时,经常因泥水飞溅,使前照灯镜面脏污,影响照明及行车安全,故部分车辆装置前照灯冲洗装置。压下冲洗开关,左右两侧的喷嘴喷出冲洗液,将前照灯冲洗干净。喷嘴位置必须正确,使之在所有车速时,冲洗液均能喷向前照灯。

图 9-23　前照灯冲洗装置与开关

项目二 典型维护作业

5 **整理现场**

（1）取下车钥匙，收回驾驶舱防护套丢弃至分类垃圾桶。
（2）清洁地面。

二、实施作业

检查汽车照明与信号系统。

要求：

（1）根据"学习资料"和查阅资料完成"检查汽车照明与信号系统工作任务书"（表9-3）的制定。

检查汽车照明与信号系统工作任务书　　　　　表9-3

作业名称			作业时间		作业人	
作业条件						
工具		量具		设备		材料
工序及过程记录						
序号	作业项目			操作记录		数据记录
1	准备工作		（1）			
2			（2）			
3			（3）			
4			（4）			
5	检查车辆前部灯光及仪表指示灯		（1）			
6			（2）			
7			（3）			
8			（4）			
9			（5）			
10			（6）			
11			（7）			
12			（8）			
13			（9）			

续上表

序号	作业项目		操作记录	数据记录
14	检查车辆后部灯光及仪表指示灯	(1)		
15		(2)		
16		(3)		
17		(4)		
18		(5)		
19		(6)		
20		(7)		
21		(8)		
22		(9)		
23	5S	(1)		
24		(2)		
小结:找出在操作过程中出现的问题,分析原因,提出解决措施				

(2)两人按照工艺合作完成实践操作,记录好作业过程和检查的数据,其中"操作记录"一栏,对于完成的工序打"√";"数据记录"一栏,填写检查的数据或关键的数据,例如拧紧力矩、液面高度等。

三、评价反馈

根据实际操作情况评价,填写表9-4。

检查汽车照明与信号系统作业考核表　　　　表9-4

日期		操作时间		考评人		
工作过程评价						
对车辆进行汽车照明与信号系统检查,操作时间为15min,完成工作过程记录,考核结束后,进行情景会话						
序号	考核项目	评分指标	配分	评分标准		得分
1	作业前准备	工作任务书编制	10	未准备扣5分		
2	领取材料	(1)材料选择正确; (2)用量准确	5	每次错误扣1分		
3	汽车照明与信号系统检查	(1)会正确做检查手势; (2)正确打开和关闭照明与信号灯; (3)会根据点亮情况判断照明与信号灯的好坏; (4)会正确检查外观	25	每次错误扣2分,扣完为止		

续上表

序号	考核项目	评分指标	配分	评分标准	得分
4	步骤	步骤完整,没有遗漏,无逻辑错误	15	每次错误扣5分,扣完为止	
5	5S	(1)工作场地始终保持干净; (2)工具始终干净、摆放整齐; (3)所有物品恢复原状	5	每次错误扣2分,扣完为止	
6	安全文明生产	(1)遵守安全操作规程,正确使用工具; (2)无任何人身伤害和设备的损坏	10	不文明或野蛮操作,每次扣5分,扣完为止,情节严重者停止操作,违规操作发生重大事故,此项记0分	
7	情景问答	提出2个与本学习任务有关的问题	10	每题5分,酌情扣分	
8	任务书填写	(1)内容正确、完整; (2)字迹工整、清晰	10	每次错误扣1分,扣完为止	
9	时间	(1)操作时间为15min; (2)小结时间不计算操作时间	—	每超时1min扣2分	
10	小结	(1)总结全面,能分析错误原因; (2)不弄虚作假、抄袭,自行完成	10	(1)发现抄袭、弄虚作假,本项记0分; (2)结合实际内容酌情扣分	
	总计		100		
评语					

四、学习拓展

1 选择题

(1)下列属于照明系统的是( )。
　　A. 示宽灯　　B. 近光灯　　C. 远光灯　　D. 转向灯
(2)下列属于信号系统的是( )。
　　A. 转向灯　　B. 危险警告灯　　C. 喇叭　　D. 倒车灯

2 判断题

(1)前照灯只需要能点亮就行。　　　　　　　　　　　　　　　　　　( )
(2)双人配合检查照明和信号系统可提高检查效率。　　　　　　　　　( )

3 简答题

简述照明及信号系统检查的目的。

子任务 3　检查刮水器及风窗玻璃清洗器

学习目标

完成本任务学习后,你应该掌握 1 个知识点和 1 个技能点:
1. 刮水器和风窗玻璃清洗器的作用、结构等;
2. 会正确进行刮水器和风窗玻璃清洗器的检查。

建议完成本任务的时间为 **4** 课时。

学习任务

下面来看一个案例:2016 年 1 月 26 日晚,在宾阳宾州镇上,一辆面包车因刮水器出现故障,行驶时被雨水挡住视线,加上车速过快,撞上了道路中间的护栏,结果被撞倒的护栏又砸中了另外一辆行驶的汽车。据初步估算,这起交通事故造成了近万元的损失。

请你通过学习和训练,完成刮水器及风窗玻璃清洗器检查作业。

一、资料收集

引导问题 1　刮水器的作用是什么?

刮水器又称雨刷、水拨、雨刮器或风窗玻璃雨刷,是用来刷刮除附着在车辆风窗玻璃上的雨点及灰尘的设备,以改善驾驶人的能见度,增加行车安全。掀背车、旅行车等车辆的后车窗也装有刮水器。

现代汽车均使用电驱动刮水器,这样可以保持一定速度摆动,不受发动机转速与负荷变化的影响,且可以随驾驶人需要,视雨势大小调整动作速度。电动刮水器更可以做每秒一次至 30s 一次间歇动作的无级变速调整。

引导问题 2　刮水器有哪些种类?

根据刮水片的联动方式,刮水器可分为平行连动式、对向连动式、单臂式,目前使用的刮水器多数是平行联动式。

引导问题3 刮水器的结构是怎样的?

刮水器由直流电动机、蜗轮箱、曲柄、连杆、摆杆、摇臂和刮水片等部分组成,如图9-24所示。

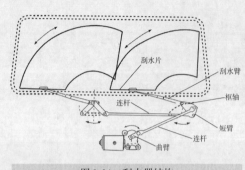

图9-24 刮水器结构

汽车行驶时,风窗玻璃上常附着灰尘、砂粒等,若不冲洗就直接使用刮水器时,会使刮水片损伤,并易使风窗玻璃刮伤;同时风窗玻璃太干燥时,也会使刮水片受到过大的阻力,易使刮水器电动机烧坏。故使用刮水器前,应当先向风窗玻璃喷水,以便洗净玻璃上的灰尘、砂粒等,并减少刮水片的阻力,现代汽车上实现这个功能的是风窗玻璃清洗器。可见,风窗玻璃清洗器和刮水器必须配合使用,才能达到最理想的效果。

引导问题4 风窗玻璃清洗器的结构是怎样的?

目前,汽车使用的清洗器均为电动式(图9-25),其结构包括储水箱、水管及喷嘴[有三种,分别是单孔式、复孔式和喷管式(图9-26)]等部分,电动机(永久磁铁式)及水泵(离心式)装在储水箱上。

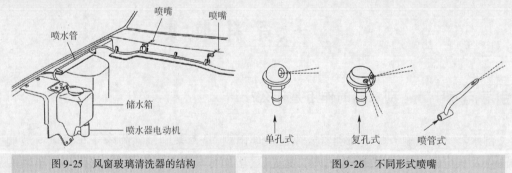

图9-25 风窗玻璃清洗器的结构　　　　　图9-26 不同形式喷嘴

引导问题5 什么是风窗玻璃清洗液?

汽车风窗玻璃清洗液又称玻璃水,属于汽车使用中的易耗品。汽车风窗玻璃水主要由水、酒精、乙二醇、缓蚀剂及多种表面活性剂组成,具有清洗、防冻、防雾、抗静电、润滑和防腐蚀等性能。

常见的有固体和液体两种类型,其中固体玻璃水大多为0℃以上环境使用。另外根据使用环境不一样,也有不同分类,例如夏季在清洗液里增加了除虫胶成分,可以快速清除撞在风窗玻璃上的飞虫残留物;冬季使用的防冻型玻璃清洗液,保证在外界气温低于-20℃时,依旧不会结冰冻坏汽车设施,甚至-40℃时依旧不结冰,适合我国最北部的严寒地区使用。

可见,玻璃水具有多种功能,不是单一的清洗,多以很多车主自制的玻璃水长时间使用会存在隐患,例如将洗洁精、洗涤剂、洗衣粉等兑一点水来替代专用玻璃水或者直接用清水,有可能导致橡胶管腐蚀、堵塞喷水口、使玻璃表面与刮水器之间摩擦力加大、玻璃产生划痕等。

引导问题6　为什么刮水器和风窗玻璃清洗器要定期检查?

刮水器的刮水片在日光暴晒下、接触臭氧和受到化学物质腐蚀会使刮水片橡胶老化,在寒冷天气下刮水片的橡胶容易变硬变脆而开裂,导致在使用刮水器时,伴有杂音或者在风窗玻璃上留有较长条痕,影响驾驶人的视野,特别是夜间由于水珠的折射使得视野更差。

残留在风窗玻璃上的树胶、鸟粪、车蜡等其他异物会损伤刮水片,异物也会附着在刮水片上,使得在刮水器擦拭玻璃后留下斑点状的水迹,影响驾驶人的视野。

驾驶人在使用刮水器时应先使用风窗玻璃清洗器往风窗玻璃上喷水,然后擦拭,若干刮则会导致刮水片与灰尘等其他物质产生较严重的磨损,降低刮水器的使用寿命。

风窗玻璃清洗液是易耗品,可能会导致在需要对风窗玻璃进行清洗时出现喷射无力、无水喷射等情况,影响行车安全,所以需要定期检查风窗玻璃清洗液液面,发现不足应及时添加。对于风窗玻璃清洗器喷射位置可调的车辆来说,可能因外力作用导致喷射位置发生变化,无法满足清洗的要求,需要对喷射位置进行调整。

引导问题7　如何检查刮水器和风窗玻璃清洗器?

检查刮水器

(1)作业准备。

①开始工作之前,检查车辆驻车制动操纵杆是否拉起、变速杆是否处于P挡、车轮挡块是否安装正确、车辆是否停放稳固。

②检查常用工具、防护套件、工单等是否准备齐全。

③安装驾驶室防护五件套,打开发动机舱盖,安装翼子板防护布。

(2)检查风窗玻璃清洗液液面高度,对于装备了液面高度尺的则观察高度尺上的痕迹,若没有则看是否能看到液面,不能看到则认为清洗液不够。

(3)检查刮水器与风窗玻璃清洗器工作情况。喷射清洗液(为确保万无一失,可使用额外的喷壶对风窗玻璃喷水),起动刮水器。检查刮水器与风窗玻璃清洗器联动是否正常(图9-27),检查各挡位刮水器工作是否正常(图9-28),能否自动回位,同时检查喷射停止后是否有擦拭痕迹(图9-29),如果有擦拭痕迹,就需要对刮水片橡胶条进行检查。

(4)拉起刮水臂,检查是否有足够的弹性。

(5)抬起刮水臂,检查刮水片橡胶条是否有老化、断裂,端部是否发生弯曲,若有可建议更换刮水片,使用湿纱布擦拭,除去积尘,若刮水片上有污渍可使用专用清洗剂进行清洗。

图 9-27　检查风窗玻璃清洗器和刮水器联动情况

图 9-28　检查刮水器各挡位工作情况

a) 带状水痕　　　　　　　　b) 雾状水痕　　　　　　　　c) 细水珠

图 9-29　检查刮拭情况

如果上述检查中风窗玻璃清洗器喷射位置不对，需要对风窗玻璃清洗器喷射角度进行调整。

引导问题 8　　如何调整风窗玻璃清洗器喷嘴的喷射角度？

对于有两个喷射孔风窗玻璃清洗器的，将曲别针插入喷射口内进行调整，直至清洗液喷射于刮水片动作范围(上下宽度)距下端 1/3 处，剩下的喷射孔对准 2/3 的位置，如图 9-30 所示。喷射口移动几毫米时喷出的位置就会移动 100mm 左右，所以要耐心地边试边调整。

如果上述检查中发现，刮水器刮拭效果差，刮水片橡胶条老化等需要更换刮水片。

引导问题 9　　如何更换刮水片？

(1) 拉起刮水臂，使刮水臂在弹簧力作用下与其接头自动保持垂直。在树脂卡扣的安装根部可看到设有锁止解除杆,解除锁止,如图9-31所示。

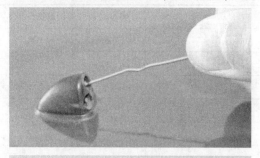
图9-30 调整风窗玻璃清洗器喷嘴的喷射角度

图9-31 解除刮水片锁止

(2)用手下推刮水片,将刮水片从刮杆上脱出。
(3)将刮水片主桥上的连接块插入刮水臂的弯钩内。
(4)上推刮水片,使刮水片连接块上的凸台落座于刮水臂弯钩上的方孔内。
(5)将刮水臂水平伸直,使刮水片胶条贴合在风窗玻璃上。
(6)起动刮水器向风窗玻璃喷射水,刮水片来回摆动3~4次后停止于风窗玻璃的下边沿。察看风窗玻璃表面的清洁情况。如果玻璃表面洁净、明亮,无水渍残痕,证明刮水片刮试效果良好。否则,再次检查或更换刮水片,直到符合规定要求为止。

二、实施作业

检查刮水器和风窗玻璃清洗器,并根据实际情况判断是否需要更换刮水片,若需要,则进行刮水片的更换。

要求:
(1)根据"学习资料"和查阅资料完成"刮水器和风窗玻璃清洗器检查工作任务书"(表9-5)的制定。

刮水器和风窗玻璃清洗器检查工作任务书　　　　　表9-5

作业名称		作业时间		作业人	
作业条件					
工具		量具		设备	材料
工序及过程记录					
序号	作业项目			操作记录	数据记录
1	准备工作	(1)			
2		(2)			
3		(3)			

续上表

序号		作业项目	操作记录	数据记录
4		(1)		
5		(2)		
6		(3)		
7		(4)		
8		(5)		
9		(6)		
10		(1)		
11		(2)		
12		(3)		
13		(4)		
14		(5)		
15		(6)		
16		(1)		
17		(2)		
18		(3)		
19		(1)		
20		(2)		
21		(3)		
22	5S	(1)		
23		(2)		
小结:找出在操作过程中出现的问题,分析原因,提出解决措施				

（2）两人合作按照工艺完成实践操作，将作业过程和检查的数据进行记录，其中"操作记录"一栏对于完成的工序打"√"，"数据记录"一栏填写检查的数据或关键的数据，例如拧紧力矩、液面高度等。

三、评价反馈

根据实际操作情况评价,填写表9-6。

刮水器和风窗玻璃清洗器检查作业考核表　　　　　表9-6

日期		操作时间		考评人	
工作过程评价					
对车辆进行刮水器和风窗玻璃清洗器检查,操作时间为15min,完成工作过程记录,考核结束后,进行情景会话					
序号	考核项目	评分指标	配分	评分标准	得分
1	作业前准备	工作任务书编制	10	未准备扣5分	
2	领取材料	(1)材料选择正确； (2)用量准确	5	每次错误扣1分	
3	刮水器和风窗玻璃清洗器检查	(1)组合开关各挡位正确使用； (2)检查方法正确； (3)检查前起动发动机	13	每次错误扣2分,扣完为止	
	更换刮水片	(1)能正确拆卸； (2)会正确安装	12	每次错误扣2分,扣完为止	
4	步骤	步骤完整,没有遗漏,无逻辑错误	15	每次错误扣5分,扣完为止	
5	5S	(1)工作场地始终保持干净； (2)工具始终干净,摆放整齐； (3)所有物品恢复原状	5	每次错误扣2分,扣完为止	
6	安全文明生产	(1)遵守安全操作规程,正确使用工具； (2)无任何人身伤害和设备的损坏	10	不文明或野蛮操作,每次扣5分,扣完为止,情节严重者停止操作,违规操作发生重大事故,此项记0分	
7	情景问答	提出2个与本学习任务有关的问题	10	每题5分,酌情扣分	
8	任务书填写	(1)内容正确、完整； (2)字迹工整、清晰	10	每次错误扣1分,扣完为止	
9	时间	(1)操作时间为15min； (2)小结时间不计操作时间	—	每超时1min扣2分	
10	小结	(1)总结全面,能分析错误原因； (2)不弄虚作假,抄袭,自行完成	10	(1)发现抄袭,弄虚作假,本项记0分； (2)结合实际内容酌情扣分	
		总计	100		
评语					

四、学习拓展

1 选择题

(1) 关于刮水器的工作原理,下列说法正确的是(　　)。
　A. 通过刮去泥等脏污来达到清洁玻璃的目的
　B. 将玻璃表面的雨水抹平形成均一的水膜层,允许光线顺利穿过不会产生折射和弯曲变形
　C. 通过刮去雨水来达到清洁玻璃的目的
　D. 好的刮水片刮过的区域没有残留的水

(2) 下列可能造成刮水片损坏的原因有(　　)。
　A. 酸雨　　　B. 雪花　　　C. 暴晒　　　D. 泥、沙、灰尘

(3) 关于玻璃清洗液,下列说法正确的是(　　)。
　A. 即使在温暖的季节,也建议加注原厂玻璃清洗液
　B. 清洗液中加入融雪盐会导致刮水器刮出条纹
　C. 清洗液防冻比例过高会减弱清洁效果
　D. 非原厂的清洗液可能会使组合仪表上亮起清洗液位指示灯

2 判断题

(1) 玻璃表面的纳米涂层会阻碍清洗液均匀洒到玻璃上。　　　　　　　　　　(　　)
(2) 融雪盐残留物可能造成刮水器异响或刮水有条痕。　　　　　　　　　　　(　　)

3 简答题

(1) 刮水器刮出条纹,可能的原因有哪些?
(2) 造成刮水器异响或刮水有条痕的原因有哪些?

学习任务十

其他维护

本任务共有3个子任务,即检查车门及附件、检查座椅和安全带、清洗车辆,主要对车门及附件、座椅和安全带结构等知识进行简要回顾,并结合车辆使用情况对车门及附件、座椅和安全带需要定期检查的原因进行分析,以科鲁兹轿车为例进行车门及附件、座椅和安全带检查进行示范。

子任务1 检查车门及附件

学习目标

完成本任务学习后,你应该掌握1个知识点和1个技能点:
1. 车门的作用、结构等;
2. 会正确地进行车门检查。

 建议完成本任务的时间为2课时。

 学习任务

一位妈妈驾驶一辆科鲁兹轿车每天接送小孩上学,考虑安全因素将小孩安排在车辆后座安全座椅上,并锁上儿童锁。一天,小孩上车后无意中从车内打开了车门,幸亏车辆还未行驶,否则后果不堪设想。到维修站检查后发现儿童锁失效,维修人员在车辆维护时未能及时发现并处理,留下安全隐患。

那么该如何检查车门及门锁呢?车门上的其他附件该怎么检查呢?首先要弄清楚车门的结构、作用和附件有哪些。

一、资料收集

引导问题1 车门的作用是什么?

车门是为驾驶人和乘客提供出入车辆的通道,并隔绝车外干扰,在一定程度上减轻侧面撞击,保护乘员。汽车的美观也与车门的造型有关。车门的好坏,主要体现在,车门的防撞性能,车门的密封性能,车门的开合便利性等指标。

引导问题2 车门的结构是怎样的?有哪些附件?

轿车门由门外板、门内板、门窗框、门玻璃导槽、门铰链、门锁及门窗附件等组成。内板装有玻璃升降器、门锁等附件,为了装配牢固,内板局部还要加强。为了增强安全性,外板内侧一般安装了防撞杆。

汽车玻璃升降器的作用是调整汽车门窗开度的大小;保证车门玻璃升降平稳,门窗能随时顺利开启和关闭;当升降器不工作时,玻璃能停留在任意位置上,部分车型的玻璃升降器还带有防夹、一键升窗等功能。

汽车门锁是一个装在车门及其立柱上能将车门可靠锁紧并通过其内部机构实现开启及锁止功能的装置。汽车门锁有安全防护作用,即要保证车门正常使用中的可靠锁紧,防止车门意外/无意识打开,又要保证车门需要时顺利打开,确保在正常或当有紧急情况发生时通行,以免造成生命伤亡和财产损失。现代汽车门锁具有的基本功能有:内/外开启功能、内锁止/解止功能、外锁止/解止功能、防误锁功能(一般限驾驶人门锁)、儿童锁功能(限后门锁)、状态指示功能、无钥匙出入(PKE)功能、控制器防盗功能、发动点火控制功能、生物特征识别功能、紧张锁功能。

引导问题3 车门为什么需要定期进行检查?

车门及附件具有安全防护功能,在日常使用过程中车门经常开合,会产生振动,会导致部分零部件紧固螺栓松动,使得车门开合不便;门锁和玻璃升降器也会出现各种故障,导致车窗玻璃无法正常升降,所以必须定期进行检查其是否能正常使用。

引导问题4 如何检查车门及附件?

(1)作业前准备。
①开始工作之前,检查车辆驻车制动操纵杆是否拉起、变速杆是否处于 P 挡、车轮挡块是否安装正确、车辆是否停放稳固。

②检查常用工具、防护套件、工单等是否准备齐全。
③安装驾驶室防护五件套。
④插入点火钥匙,旋至 ON 挡(对于装备一键起动装置的车辆则轻按起动开关)。
(2)检查左前门。
①拉开左前车门检查铰链处是否有损坏和缺油,若有损坏,需按照维修流程进行维修,若缺油,需上油;上下摇动车门,检查车门铰链是否紧固,若松动,需进行紧固,如图 10-1 所示。

图 10-1 检查车门铰链

②关好车门,按下中控门锁键,拉外门锁拉手,检查门锁是否锁止,若不能锁止,则按照维修流程进行维修;拉内门锁拉手,检查门锁是否可以打开,若不能打开,则按照维修流程进行维修,如图 10-2 所示。

图 10-2 检查车门门锁锁止

③将车门轻轻关到未全部关闭状态,检查车门锁第二道锁止开关是否正常,若不能锁止,则按照维修流程进行维修,如图 10-3 所示。

图 10-3 检查门锁第二道锁止开关

图10-4 检查车窗升降器

④依次按下四个车窗升降按钮(图10-4),检查四个车窗玻璃升降是否顺畅、正常,检查具有一键升窗功能是否能一键升降。

⑤使用后视镜调整按钮(旋钮)调整后视镜,检查是否正常,如图10-5所示。

⑥关闭左前门。

(3)检查左后门。

①拉开左后车门检查铰链处是否有损坏和缺油,上下摇动车门检查车门铰链是否紧固。

②关好车门,按下中控门锁键,拉外门锁拉手,检查门锁是否锁止,若不能锁止,则按照维修流程进行维修;拉内门锁拉手,检查门锁是否可以打开,若不能打开,则按照维修流程进行维修。

图10-5 检查后视镜调整

③将车门轻轻关到未全部关闭状态,检查车门锁第二道锁止开关是否正常,若不能锁止,则按照维修流程进行维修。

④使用专用工具将儿童锁锁止,关闭车门,检查车门在车内是否无法打开,若可打开,则按照维修流程进行维修,如图10-6所示。

图10-6 检查儿童锁

⑤将儿童锁还原。

⑥按下车窗升降按钮,检查车窗玻璃升降是否顺畅、正常。

⑦并关闭车门。

(4)按照前述方法依次检查左后门和左前门的铰链、门锁和车窗玻璃升降情况。

(5)检查加油口盖。

①打开加油口盖。

②检查加油口盖铰链是否松动,锁止功能是否正常,如图 10-7 所示。

图 10-7　检查加油口盖

(6)检查行李舱盖。

①打开行李舱盖。

②检查行李舱铰链是否松动,若松动,则需紧固,如图 10-8 所示。

图 10-8　检查行李舱盖紧固状态

③检查行李舱盖锁止功能是否正常。

(7)检查发动机舱盖。

①打开发动机舱盖。

②检查发动机舱盖是否松动,若松动,则需紧固。

③轻放发动机舱盖,检查发动机舱盖的半锁止功能是否正常,如图 10-9 所示。

④锁止发动机舱盖,检查发动机舱盖锁止功能是否正常。

(8)整理现场。

①收回翼子板防护布并折叠整齐放回规定位置,关闭发动机舱盖。

②整理、清洁工具。

③取下车钥匙,收回驾驶舱防护套丢弃至分类垃圾桶。

④清洁地面。

图 10-9　检查发动机舱盖半锁止状态

二、实 施 作 业

车门及附件检查。

要求：

（1）根据"学习资料"和查阅资料完成"车门及附件检查工作任务书"（表10-1）的制定。

车门及附件检查工作任务书　　　　　　　表10-1

作业名称			作业时间		作业人	
作业条件						
工具		量具		设备		材料
工序及过程记录						
序号		作业项目			操作记录	数据记录
1						
2						
3						
4						
5						
6						
7						
8						
9						
10						
11						
12						
13						
14						
15						
16						
17						
18						
19						
20						
21						
22	5S	（1）				
23		（2）				
小结：找出在操作过程中出现的问题，分析原因，提出解决措施						

(2)两人合作按照工艺完成实践操作,将作业过程和检查的数据进行记录,其中"操作记录"一栏对于完成的工序打"√","数据记录"一栏填写检查的数据或关键的数据,例如拧紧力矩、液面高度等。

三、评价反馈

根据实际操作情况评价,填写表10-2。

车门及附件检查作业考核表　　　　　表10-2

日期		操作时间		考评人	
工作过程评价					
对车辆进行车门及附件检查,操作时间为15min,完成工作过程记录,考核结束后,进行情景会话					
序号	考核项目	评分指标	配分	评分标准	得分
1	作业前准备	工作任务书编制	10	未准备扣5分	
2	领取材料	(1)材料选择正确; (2)用量准确	5	每次错误扣1分	
3	车门检查	(1)检查项目无缺漏; (2)检查方法正确	13	每次错误扣2分,扣完为止	
	门锁检查	(1)检查项目无缺漏; (2)检查方法正确	12	每次错误扣2分,扣完为止	
4	步骤	步骤完整,没有遗漏,无逻辑错误	15	每次错误扣5分,扣完为止	
5	5S	(1)工作场地始终保持干净; (2)工具始终干净,摆放整齐; (3)所有物品恢复原状	5	每次错误扣2分,扣完为止	
6	安全文明生产	(1)遵守安全操作规程,正确使用工具; (2)无任何人身伤害和设备的损坏	10	不文明或野蛮操作,每次扣5分,扣完为止,情节严重者停止操作,违规操作发生重大事故,此项记0分	
7	情景问答	提出2个与本学习任务有关的问题	10	每题5分,酌情扣分	
8	任务书填写	(1)内容正确、完整; (2)字迹工整、清晰	10	每次错误扣1分,扣完为止	
9	时间	(1)操作时间为15min; (2)小结时间不计算操作时间	—	每超时1min扣2分	
10	小结	(1)总结全面,能分析错误原因; (2)不弄虚作假,抄袭,自行完成	10	(1)发现抄袭,弄虚作假,本项0分; (2)结合实际内容酌情扣分	
		总计	100		
评语					

四、学习拓展

1 选择题

如果中控门锁开关是负触发开关,则与电子防盗系统连接应采取下列哪种接线法?
(　　)
A. 负触发接法　　　　　　　　B. 正触发接法
C. 正负触发接法　　　　　　　D. 都可以

2 判断题

中控门锁中的门锁位置开关位于驾驶室车门内。　　　　　　　　　　(　　)

3 简答题

简述车门和门锁检查的操作过程。

子任务 2　检查座椅和安全带

学习目标

完成本任务学习后,你应该掌握1个知识点和1个技能点:
1. 车辆座椅和安全带的检查方法;
2. 会进行车辆座椅和安全带的检查。

 建议完成本任务的时间为 2 课时。

 学习任务

某日,一辆车正在正常行驶,突然对向车道一辆轿车为躲避行人,急打方向,造成与该车迎面相撞的交通事故,车辆驾驶人受重伤被紧急送往医院。事后调查该车驾驶人座椅安全带发生故障,紧急制动时棘轮机构不能及时收紧安全带。

请你通过学习和训练,完成安全带的检查。

不正确的坐姿,可能会导致严重的车祸事故,所以驾驶车辆时候需要调整好合适的坐姿。但是随着车辆的使用,座椅调整的功能可能会出现这样那样的问题,所以在维护的过程中需要进行检查,而且要重视座椅的检查。

请你通过学习和训练,完成座椅的检查。

一、资料收集

引导问题1 汽车安全带有什么作用？

安全带在汽车发明以前就已经存在了，1885年，那时欧洲普遍使用马车，那时的安全带只是简单地为了防止乘客从马车上摔下来。1955年，美国福特轿车开始装用安全带，总体来说这个时期的安全带以两点式安全带为主。1955年飞机设计师尼尔斯到沃尔沃汽车公司工作以后发明了三点式安全带（图10-10）。1963年，沃尔沃汽车公司开始把尼尔斯的三点式汽车安全带注册，并在自产的汽车上装配。

汽车安全带是为了在碰撞时对乘员进行约束以及避免碰撞时乘员与转向盘及仪表板等发生二次碰撞或避免碰撞时冲出车外导致死伤的安全装置。汽车安全带又可以称之为座椅安全带，是乘员约束装置的一种。汽车安全带是公认的最廉价也是最有效的安全装置，在车辆的装备中很多国家是强制装备安全带的。

引导问题2 汽车安全带由哪些部分构成？

轿车的安全带都由织带、安装牢固件和卷收器等部件构成，如图10-11所示。

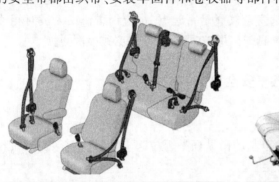
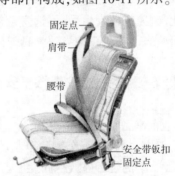

图10-10　三点式安全带　　　　图10-11　安全带结构

（1）织带是用尼龙或聚酯等合成纤维织成的宽约50mm、厚约1.2mm的带，根据不同的用途，通过编织方法及热处理来达到安全带所要求的强度、伸长率等特性。

（2）卷收器是根据乘员的坐姿、身材等来调节安全带长度，不使用时收卷织带的装置。

（3）固定机构包括带扣、锁舌、固定销等。

引导问题3 汽车安全带的工作原理

卷收器的作用是储存织带和锁止织带拉出，它是安全带中最复杂的机械件。卷收器里面是一个棘轮机构，正常情况下乘员可以在座椅上自由匀速拉动织带，但当织带从卷收器连续拉出过程一旦停止或当车辆遇到紧急状态时,棘轮机构就会作锁紧动作将织带自动锁死,阻止织带拉出。

引导问题 4　我国关于汽车安全带的要求

我国公安部于1992年11月15日颁布了通告,规定1993年7月1日起,所有小客车(包括轿车、吉普车、面包车、微型车)驾驶人和前排座乘车人必须使用安全带。《中华人民共和国道路交通安全法》第五十一条规定:机动车行驶时,驾驶人、乘坐人员应当按规定使用安全带。目前使用最广泛的是三点式安全带。

引导问题 5　为什么要定期检查安全带?

安全带虽然只是一根简单的可以扣起来的带子,但在关键时刻能起至关重要的保护作用。随着车辆使用时间的延长,安全带也会随之老化,最主要表现是内部卷簧器老化。此时安全带会过松或不能及时拉紧,这说明安全带已经不适宜继续使用了。

据介绍,如果安全带过松容易导致驾乘人员从安全带下滑出,造成严重的损伤。人在碰到气囊后,由于安全带张紧余量过大而未能及时绷紧,人的全部质量都交给了气囊,此时很有可能导致驾乘人员严重受伤。

此外,如果安全带在使用中曾承受过一次强拉伸负荷,即使未损坏,也应更换,不能继续使用。因此,碰撞事故发生后,不论安全气囊是否起爆,都应请维修站人员对相关安全系统作一次全面检修。如果碰撞导致气囊弹出爆破,那么安全带必须及时更换。

引导问题 6　怎样检查汽车安全带?

(1)作业前准备。
①开始工作之前,检查车辆驻车制动操纵杆是否拉起、变速杆是否处于P挡、车轮挡块是否安装正确、车辆是否停放稳固。
②检查常用工具、防护套件、工单等是否准备齐全。
③安装驾驶室防护五件套。

图10-12　检查安全带外观

(2)检查驾驶人座椅安全带。
①打开左前车门,进入驾驶人座位。
②慢慢拉出座椅安全带,安全带应能顺利地从卷收器中拉出;在拉伸的过程中突然用力快拉安全带,安全带应自行锁死而拉不动。
③安全带应能顺利地拉伸到最长位置,在拉伸的过程中正反检查安全带是否有撕裂、破损和脏污,脏污严重需要进行清洗,如图10-12所示。

④将安全带带扣插入插口插头中并用力拉动,安全带应锁止牢固;按下红色解脱按钮,安全带带扣应能快速解锁并弹出,在此过程中观察仪表板安全带未系警示灯是否点亮与熄灭,如图10-13所示。

图10-13 检查安全带锁止功能

⑤放开安全带,安全带应能正常回收。
⑥移动安全带高度调节装置,应能正常调节。
⑦关闭左前车门。
(3)按照上述方法依次检查左后、后排中间、右后和右前座椅对应的安全带功能是否正常。
(4)整理现场。
①取下车钥匙,收回驾驶舱防护套丢弃至分类垃圾桶,锁好车门。
②清洁地面,将工具清洁并归回原位。

| 引导问题7 | 汽车座椅的作用是什么? |

汽车座椅属于汽车的基本装置,是汽车的重要安全部件。在汽车中它将人体和车身联系在一起,直接关系乘员的驾乘舒适性和安全性。

汽车座椅作为安全部件是在被动保护中起决定性作用的组成部件。首先,在事故中它要保证乘员处在自身的生存空间之内,并防止其他车载体进入到这个空间。其次,要使乘员在事故发生过程中保持一定的姿态,以使其他的约束系统能充分发挥其保护效能。除了防止事故发生的功能,座椅还应具有在乘员与其发生碰撞时(在事故中乘员与车内部发生的碰撞称为"二次碰撞"),使对乘员的伤害减轻到最低的性能,即能吸收乘员与之碰撞的能量。

| 引导问题8 | 汽车座椅由哪些部分组成? |

汽车座椅主要由座椅骨架、头枕、靠背、坐垫、塑料外壳、调节机构等组成,可实现座椅前后调节、头枕上下及前后调节、靠背俯仰调节和坐垫高低调节等基本调节功能,部分车型座椅还可实现座椅通风、加热、按摩等功能,为驾驶人和乘客提供舒适的安全的驾乘环境。

引导问题 9 如何检查和调整座椅?

(1) 作业前准备。

① 开始工作之前,检查车辆驻车制动操纵杆是否拉起、变速杆是否处于 P 挡、车轮挡块是否安装正确、车辆是否停放稳固。

② 检查常用工具、防护套件、工单等是否准备齐全。

③ 安装驾驶室防护五件套。

(2) 打开左前车门。

(3) 检查驾驶人座椅。

① 机械调节座椅检查。

a. 打开左前车门,拉起座椅调节手柄,前后移动座椅,应能正常滑动;放下座椅调节手柄,座椅应当能正常锁止,如图 10-14 所示。

b. 左手扶座椅,右手扶靠枕,两手一起前后用力,座椅应无松旷,如果有松旷需进行紧固,如图 10-15 所示。

图 10-14　检查座椅调节功能

图 10-15　检查座椅紧固状态

c. 调节座椅靠背,座椅应能顺利进行角度调节并能在各位置保持固定。

② 电动调节座椅检查。

a. 检查电动座椅移动控制键。向前推动开关,座椅应该前移,向后推动开关,座椅向后移动,向上推动开关,座椅可以向上移动,向下推动开关,座椅应向下移动,如图 10-16 所示。

b. 检查电动座椅靠背调节控制器,向后拧动控制器,靠背可以向后倒,向前拧动控制器,座椅靠背向前倾,如图 10-17 所示。

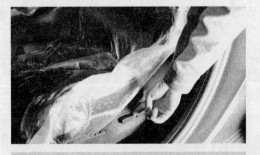
图 10-16　检查电动座椅移动功能

图 10-17　检查电动座椅靠背调整功能

c. 检查驾驶室座椅记忆功能,按下记忆键,检查座椅是否还原到驾驶人指定位置。

(4)关闭左前车门。

(5)打开左后车门,检查座椅固定情况,拉后排座椅放倒拉绳,座椅应能正常放倒;还原座椅,座椅应固定良好,关闭左后车门。

(6)打开右后车门,检查座椅固定、放倒情况是否正常,关闭右后车门。

(7)打开右前车门,检查座椅移动、固定和靠背调节情况是否正常,关闭左前车门。

(8)整理现场。

①取下车钥匙,收回驾驶舱防护套丢弃至分类垃圾桶,锁好车门。

②清洁地面,将工具清洁并归回原位。

二、实 施 作 业

车辆安全带的检查。

要求:

(1)根据"学习资料"和查阅资料完成"车辆安全带的检查"(表10-3)工作任务书的制定。

车辆安全带的检查工作任务书　　　　　　　　　　　　　　表10-3

作业名称		作业时间		作业人	
作业条件					
	工具	量具		设备	材料
工序及过程记录					
序号		作业项目		操作记录	数据记录
1	准备工作	(1)车辆驾驶舱防护			
2		(2)关闭点火钥匙,拉起驻车制动器操纵杆,挂P挡(空挡),车辆停放平稳			
3	检查驾驶人座椅安全带	(1)			
4		(2)			
5		(3)			
6		(4)			
7		(5)			
8	检查副驾驶人座椅安全带	(1)			
9		(2)			
10		(3)			
11		(4)			
12		(5)检查安全带高度调节装置是否正常			

续上表

序号	作业项目		操作记录	数据记录
13	检查左后、中间后排、右后座椅安全带	(1)		
14		(2)		
15		(3)		
16		(4)		
17	5S	(1)		
18		(2)		
19		(3)		
小结：找出在操作过程中出现的问题，分析原因，提出解决措施				

（2）两人合作按照工艺完成实践操作，将作业过程和检查的数据进行记录，其中"操作记录"一栏对于完成的工序打"√"，"数据记录"一栏填写检查的数据或关键的数据，例如座椅安全带安装是否安全牢固、座椅安全带高度调节功能是否正常、安全带未系警示灯是否正常等。

三、评价反馈

根据实际操作情况评价，填写表10-4。

车辆座椅安全带的检查工作任务考核表　　　　　　表10-4

日期		操作时间		考评人		
工作过程评价						
对车辆座椅安全带进行检查，操作时间为15min，完成工作过程记录，考核结束后，进行情景会话						
序号	考核项目	评分指标	配分	评分标准		得分
1	作业前准备	工作任务书编制	10	未准备扣5分		
2	检查驾驶人座椅安全带	(1)检查座椅安全带收缩、锁止、高度调节情况是否正常；(2)检查安全带有撕裂、破损和脏污和损损坏；(3)检查安全带扣及安全带未系警示灯工作是否正常	10	每次错误扣3分，扣完为止		
3	检查副驾驶人座椅安全带	(1)检查座椅安全带收缩、锁止、高度调节情况是否正常；(2)检查安全带有撕裂、破损和脏污和损坏；(3)检查安全带卡扣及安全带未系警示灯工作是否正常	10	每次错误扣3分，扣完为止		

续上表

序号	考核项目	评分指标	配分	评分标准	得分
4	检查左后、中间后排、右后座椅安全带	(1)检查座椅安全带收缩、锁止、高度调节情况是否正常; (2)检查安全带有撕裂、破损和脏污和损坏; (3)检查安全带卡扣否正常	10	每次错误扣3分,扣完为止	
5	步骤	步骤完整,没有遗漏,无逻辑错误	15	每次错误扣5分,扣完为止	
6	5S	(1)工作场地始终保持干净; (2)工具始终干净,摆放整齐; (3)所有物品恢复原状	5	每次错误扣2分,扣完为止	
7	安全文明生产	(1)遵守安全操作规程,正确使用工具; (2)无任何人身伤害和设备的损坏	10	不文明或野蛮操作,每次扣5分,扣完为止,情节严重者停止操作,违规操作发生重大事故,此项记0分	
8	情景问答	提出2个与本学习任务有关的问题	10	每题5分,酌情扣分	
9	任务书填写	(1)内容正确、完整; (2)字迹工整、清晰	10	每次错误扣1分,扣完为止	
10	时间	(1)操作时间为15min; (2)小结时间不计算操作时间	—	每超时1min扣2分	
11	小结	(1)总结全面,能分析错误原因; (2)不弄虚作假,抄袭,自行完成	10	(1)发现抄袭,弄虚作假,本项记0分; (2)结合实际内容酌情扣分	
	总计		100		
评语					

四、学习拓展

1 选择题

(1)轿车的安全带都由(　　)构成。
　　A.织带　　　B.安装牢固件　　　C.卷收器

(2)汽车座椅主要由(　　)等组成。
　　A.座椅骨架　　　　　　　B.头枕、靠背
　　C.坐垫、塑料外壳　　　　D.调节机构

2 判断题

(1)车辆座椅安全带是车辆的选装配置,可以要求配置。　　　　　　　　　(　　)

(2)车辆座椅的检查无须检查座椅能否放倒功能。　　　　　　　　　　　　(　　)

3 简答题

(1)请列出驾驶人安全带的主要检查内容。

(2)请列出驾驶人座椅的主要检查内容。

子任务3　清洗车辆

完成本任务学习后,你应该掌握1个知识点和1个技能点:

1.清洗车辆的方法;

2.会进行车辆的清洗。

 建议完成本任务的时间为2课时。

 学习任务

在日常生活中因尘土、雨雪等因素常见车辆外表脏污的现象。对于脏污的车辆需要进行清洗,该如何进行清洗呢?不及时清洗会带来什么后果呢?

一、资料收集

引导问题1　汽车为什么需要定期进行清洗?

汽车在行驶中经常置身于飞扬的尘土中,雨雪天气中,有时还要在泥泞道路上行驶,车身外表难免被泥土脏污,影响汽车外观整洁,为使汽车外观保持清洁亮丽,必须定期对洗车进行清洗。

大气中有多种能对车身表面产生危害的污染物,尤其是酸雨的危害性最大,它附着于车身表面会使漆膜形成有色斑点,如不及时清洗还会造成漆膜老化。轻微的酸雨可用专用去酸雨用具清除,对严重的酸雨需使用专业的设备和清洗剂才能彻底清除。为此,车主应定期将洗车送到专业洗车美容店进行清洗。

车身表面如黏附树胶、鸟粪、虫尸、焦油、沥青等顽渍,如不及时清除就会腐蚀漆层,给护理增加难度。为此车主主要经常检查车身表面,一旦发现黏附有腐蚀性的顽渍应尽快清除,如已腐蚀漆膜必须到专业洗车美容店进行处理。

引导问题2　如何正确清洗车辆？

汽车外部的清洗一般有两种方法：人工清洗、专业设备清洗。下面介绍两种清洗方法的操作步骤。

1　准备工作

（1）将车辆驶入指定的洗车区域。

（2）关闭点火钥匙，关好门窗。

2　人工清洗

（1）冲淋。用高压水枪冲去汽车表面的灰尘及污物。冲洗时应注意从上至下、从一个方向向另一边的斜下方冲洗，这样可以最有效地将工件上的泥沙冲洗干净，如图10-18所示。对于泥沙较多位置可以多冲洗几遍，避免因为泥沙没有冲洗干净，在下一步的擦洗时划伤漆面。

（2）擦洗。将装好洗车液的泡沫清洗剂，对车身均匀喷涂，然后用海绵或毛巾应遵循由上至下的顺序进行擦洗车身，即车顶、前后风窗玻璃、发动机舱盖、后行李舱盖、车门、翼子板等，如图10-19所示。擦洗时注意每个角落都要擦洗到，对于擦拭不掉的附着物，不可用力猛擦，以免损坏漆面，可使用洗车泥。对于不同的顽固污渍，应选用专用溶剂来清洗。

图10-18　冲淋车身

图10-19　擦洗车身

（3）冲洗。冲洗时，利用水枪按照第一步的冲淋顺序，将刚才擦洗下来的污物及洗车液泡沫冲洗干净。

（4）擦干。先用干净的大毛巾快速擦去车身表面的水珠，然后用小毛巾擦干，最后用麂皮将车身表面彻底擦干净。

（5）吹干。虽然车身表面擦干，但隐藏在车身缝隙的水分很难干燥，需要对准吹出。操作时，可一手拿风枪，一手拿毛巾或麂皮，边吹边擦，直到吹干。

3　专业设备清洗

专业清洗设备可分为半自动和全自动两种。所谓半自动是指洗车设备需要人工操作洗车机上的功能按钮，全自动的洗车设备只需要起动按钮就可全程自动操作。下面以半自动汽车清洗设备为例进行介绍。

(1)人工预清洗。对汽车污垢严重的部位先用手工预清洗。

(2)清洗机清洗。将汽车驶入洗车机指定的位置,关好门窗。起动洗车机,洗车机会对汽车进行冲淋、喷涂泡沫洗车液、擦洗、冲洗、擦干的工作。

(3)吹干。用风枪将汽车吹干。

(4)检查。检查清洗的质量,发现问题的地方,可用人工清洗予以弥补。

二、实施作业

清洗车辆。

要求:

(1)根据"学习资料"和查阅资料完成"清洗车辆工作任务书"(表10-5)的制定。

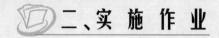

清洗车辆工作任务书　　　　　　表10-5

作业名称			作业时间		作业人	
作业条件						
工具		量具		设备		材料
工序及过程记录						
序号		作业项目			操作记录	数据记录
1	准备工作	(1)将车辆驶入指定的洗车区域				
2		(2)				
3		(3)				
4	清洗车辆	(1)				
5		(2)				
6		(3)				
7		(4)				
8		(5)				
9	5S	(1)				
10		(2)				
11		(3)				
小结:找出在操作过程中出现的问题,分析原因,提出解决措施						

(2)两人合作按照工艺完成实践操作,将作业过程和检查的数据进行记录,其中"操作记录"一栏对于完成的工序打"√","数据记录"一栏填写检查的数据或关键的数据,例如车辆有无划痕、擦伤等。

三、评价反馈

根据实际操作情况评价,填写表10-6。

清洗车辆作业考核表　　　　　　　　　　　　　　　　　　　表10-6

日期		操作时间		考评人		
工作过程评价						
对车辆进行清洗,操作时间为30min,完成工作过程记录,考核结束后,进行情景会话						
序号	考核项目	评分指标	配分	评分标准		得分
1	作业前准备	工作任务书编制	10	未准备扣5分		
2	准备工作	(1)将车辆驶入指定的洗车区域; (2)关闭点火钥匙,关好门窗; (3)将洗车机清洗枪水压调整至合适位置	5	每次错误扣5分,扣完为止		
3	清洗车辆	(1)是否按顺序冲洗车辆; (2)是否按顺序擦洗车辆; (3)车辆上的污物、泡沫是否冲洗干净; (4)车辆表面是否擦拭干净,有无明显水滴残留	25	每次错误扣8分,扣完为止		
4	步骤	步骤完整,没有遗漏,无逻辑错误	15	每次错误扣5分,扣完为止		
5	5S	(1)工作场地始终保持干净; (2)工具始终干净,摆放整齐; (3)所有物品恢复原状	5	每次错误扣2分,扣完为止		
6	安全文明生产	(1)遵守安全操作规程,正确使用工具; (2)无任何人身伤害和设备的损坏	10	不文明或野蛮操作,每次扣5分,扣完为止,情节严重者停止操作,违规操作发生重大事故,此项记0分		
7	情景问答	提出2个与本学习任务有关的问题	10	每题5分,酌情扣分		
8	任务书填写	(1)内容正确、完整; (2)字迹工整、清晰	10	每次错误扣1分,扣完为止		
9	时间	(1)操作时间为30min; (2)小结时间不计算操作时间	—	每超时1min扣2分		
10	小结	(1)总结全面,能分析错误原因; (2)不弄虚作假,抄袭,自行完成	10	(1)发现抄袭,弄虚作假,本项记0分; (2)结合实际内容酌情扣分		
		总计	100			
评语						

四、学习拓展

1 选择题

(1) 鹿皮的特点是(　　)。
　　A. 柔软不伤车漆　　　　　　　B. 吸水力强,不藏泥沙
　　C. 比较好看,比较特殊　　　　D. 干车时动作优美
(2) 当看到车漆面有大量的水泥时我们可以选择以下哪种材料去除(　　)。
　　A. 泥土松弛剂　　B. 水泥去除剂　　C. 柏油清洁剂　　D. 高浓缩洗车香波
(3) 电脑隧道洗车法磨损程度要比手工洗车(　　)
　　A. 小　　　　　　B. 大　　　　　　C. 一样　　　　　　D. 略小

2 判断题

(1) 洗车的注意事项:擦拭的方向与汽车行驶方向垂直不能倒擦。　　　　　　(　　)
(2) 毛巾、熊掌、鹿皮每次使用完后应清洗干净,按内用、外用分别放置在清洁的桶中。
　　　　　　　　　　　　　　　　　　　　　　　　　　　　　　　　　　(　　)
(3) 不规范洗车或电脑洗车造成漆面划伤,在强烈阳光下会有非常明显的蜘蛛网纹。
　　　　　　　　　　　　　　　　　　　　　　　　　　　　　　　　　　(　　)

3 简答题

(1) 简述车辆清洗的要领及操作方法。
(2) 如何保持车辆的清洁?
(3) 什么是无水洗车?

项目三

二级维护作业前检测

本项目主要完成二级维护作业前的检测，共有2个任务，分别是检查汽车电控系统故障和检测汽车尾气排放性能。

项目三　二级维护作业前检测

学习任务十一

检查汽车电控系统故障

学习目标

完成本任务学习后，你应该掌握1个知识点和1个技能点：
1. 汽车电控系统的组成；
2. 正确使用专用仪器检测车辆故障。

 学习任务

一辆科鲁兹轿车在行驶过程中，发动机故障灯亮起，驾驶人随即到售后服务站进行修理。经过维修工的检查，发现发动机冷却液温度传感器有故障，进行更换后故障灯熄灭。

引导问题1 汽车有哪些电控系统？

随着汽车电子技术和计算机技术的飞速发展，为提高汽车的动力性、经济性、安全性、舒适性、操控性，降低汽车污染物的排放等，汽车上使用了大量的电子控制系统(简称为电控系统)，如发动机电子喷射系统、发动机电子防盗系统、发动机自动起动和停止的电控系统、自动变速器电控系统、ABS(防抱死制动)/ESP(车身稳定)电控系统、电控助力转向系统、自动泊车电控系统、电控汽车悬架系统、自动空调电控系统、汽车音响系统、车载导航系统、车身防盗系统、轮胎压力监控系统和车载网络系统等。

引导问题2 汽车电控系统故障如何检查？

随着技术的进步，汽车上使用的电控系统越来越多，出现故障的概率也越来越高，在汽车维护的过程中要及时发现电控系统的故障,确定附加作业,保持汽车的使用性能。

在维护过程中电控故障检查层次主要是电控系统的外观和常规检查、使用检测设备检测电控系统和利用工作原理和电路图解析电控系统故障。

汽车电控系统外观和常规检查主要依靠视觉、听觉和数字万用表,主要适用于存在明显外观故障和外观缺陷的电控系统传感器、执行器、线路和插接器等。对于非外观故障则优先考虑使用汽车诊断仪来检测电控系统故障,诊断仪是通过车载网络或诊断线(K 线)来诊断故障的。

另外,现在汽车还带有车载自诊断系统(OBD-On Board Diagnostics)。目前使用的是OBD-Ⅱ系统,其工作原理是汽车在正常运转时,汽车的电子部件控制系统输入信号和输出信号(电流或电压)会在一定的范围内有一定规律地变化,当电子控制系统的信号出现异常且超出了正常的变化范围,并且这一现象在一定时间(3 个连续行程)内不会消失,则 ECU 判断为这一部分出现故障,故障警报灯点亮。同时监测器把这一故障以代码的形式存入内部的故障存储器中,被存储的故障码在检修的时候可以通过故障指示灯或 OBD 检测仪读取,如果故障不再存在,监控器连续 3 次未收到相关信号后,将指令故障显示灯熄灭,故障指示灯熄灭后发动机暖机循环约 40 次后,故障码会自动被清除。

维修人员通过故障诊断仪可以将故障码从发动机电控单元中读出,能迅速准确地确定故障的性质和部位,提升故障诊断的效率。

引导问题3 如何利用诊断仪检测故障?

使用专用诊断仪 GDS-2 检测为例。

1 准备工作

(1)将车辆停放至举升机中央位置,拉起驻车制动器、挂 P 挡或空挡;
(2)安装防护五件套。

2 连接诊断仪并读取故障码

(1)接通电源后开机,进入 GDS-2 诊断软件,如图 11-1 所示。
(2)点击"诊断"进入主菜单,进入"车型选择",按回车键确认,如图 11-2 所示。

图 11-1 系统初始界面

图 11-2 选择车型

（3）选择需要诊断的系统类型，如图11-3所示。

（4）选择"车辆DTC信息"并回车确认，如图11-4所示。

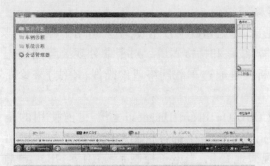

图11-3　选择诊断系统类型　　　　　图11-4　选择"车辆DTC信息"

（5）仪器显示故障码并读取故障码，如图11-5所示。

3 清除故障码

（1）返回，选择"清除DTC"，按回车键确定，如图11-6所示。

（2）查看故障码清除后情况。

图11-5　故障码　　　　　　　　　图11-6　清除故障码

4 现场整理

（1）收回防护五件套，关闭发动机舱盖，锁好车门。

（2）清洁地面，将工具清洁并归回原位。

二、实践操作

检查车辆电控系统故障。

要求：

（1）根据"学习资料"和查阅资料完成"电控系统故障检查工作任务书"（表11-1）的制定。

电控系统故障检查工作任务书 表11-1

作业名称		作业时间		作业人	
作业条件					
工具		量具		设备	材料
工序及过程记录					
序号	作业项目		操作记录		数据记录
1	准备工作	(1)			
2		(2)			
3	连接诊断仪	(1)			
4		(2)			
5	读取故障码	(1)			
6		(2)			
7		(3)			
8		(4)			
9		(5)			
10	清除故障码				
11	读取故障码	(1)			
12		(2)			
13	回收诊断仪	(1)			
14		(2)			
15		(3)			
16	5S	(1)			
17		(2)			
小结:找出在操作过程中出现的问题,分析原因,提出解决措施					

(2)两人合作按照工艺完成实践操作,将作业过程和检查的数据进行记录,其中"操作记录"一栏对于完成的工序打"√","数据记录"一栏填写检查的数据或关键的数据,例如故障码等。

三、评价反馈

根据实际操作情况评价,填写表11-2。

电控系统故障检查作业考核表　　　　　　　　　　　　　　　　　　　　表11-2

日期		操作时间		考评人	
工作过程评价					
对车辆进行电控系统故障检查，操作时间为15min，完成工作过程记录，考核结束后，进行情景会话					
序号	考核项目	评分指标	配分	评分标准	得分
1	作业前准备	工作任务书编制	10	未准备扣5分	
	连接诊断仪	(1)选择接头正确； (2)连接方式正确	5	每次错误扣2分，扣完为止	
2	读取故障码	(1)车型、系统选择正确； (2)清除故障码后再次读取故障码	20	每次错误扣5分，扣完为止	
	回收诊断仪	(1)先关机，再断开诊断插头； (2)线束等物品摆放原位	5	每次错误扣2分，扣完为止	
3	步骤	步骤完整，没有遗漏，无逻辑错误	15	每次错误扣5分，扣完为止	
4	5S	(1)工作场地始终保持干净； (2)工具始终干净，摆放整齐； (3)所有物品恢复原状	5	每次错误扣2分，扣完为止	
5	安全文明生产	(1)遵守安全操作规程，正确使用工具； (2)无任何人身伤害和设备的损坏	10	不文明或野蛮操作，每次扣5分，扣完为止，情节严重者停止操作，违规操作发生重大事故，此项记0分	
6	情景问答	提出2个与本学习任务有关的问题	10	每题5分，酌情扣分	
7	任务书填写	(1)内容正确、完整； (2)字迹工整、清晰	10	每次错误扣1分，扣完为止	
8	时间	(1)操作时间为15min； (2)小结时间不计算操作时间	—	每超时1min扣2分	
9	小结	(1)总结全面，能分析错误原因； (2)不弄虚作假、抄袭，自行完成	10	(1)发现抄袭，弄虚作假，本项记0分； (2)结合实际内容酌情扣分	
	总计		100		
评语					

四、学习拓展

1 选择题

(1) OBD 的焦点在排放上。如果碳氢化合物,一氧化碳或氮氧化物的排放超过欧洲共同体所规定的 OBD 排放限值,OBD 装备的汽车就会( ),并记录一个诊断故障码。

  A. 熄灭故障指示灯(MIL)   B. 闪烁故障指示灯
  C. 点亮故障指示灯(MIL)   D. 分析故障信息

(2) 下面选项中属于 OBD-Ⅱ系统中的监测功能是( )。

  A. 故障码监测   B. 数据流监测
  C. 加热型氧传感器(HO_2S)监测   D. 车速传感器监测

2 判断题

(1) 废气排放控制仅在采用 OBD-Ⅱ系统中使用。   ( )

(2) OBD-Ⅱ是第二代随车自诊断系统,它的主要特征是接口有 16 脚。 ( )

3 简答题

如何使用诊断仪检测车辆故障码?

学习任务十二

检测汽车尾气排放性能

学习目标

完成本任务学习后,你应该掌握2个知识点和1个技能点:
1. 汽车排放污染物的种类和危害;
2. 降低汽车排放污染物含量的技术手段;
3. 会进行汽车尾气排放污染物含量检测。

 学习任务

一辆雪佛兰科鲁兹轿车,行驶了110900km,到店维护时需要进行尾气排放检测。请你通过学习和训练,完成汽车尾气排放检测作业。

一、资料收集

引导问题1 汽车排放污染物有哪些?

汽车在带来交通便捷和舒适的同时,其污染对人类健康、社会和环境带来很大的危害。汽车所产生的污染包括排放污染、噪声污染和电磁污染等,其中排放污染的影响最大,主要排放污染物有 CO、NO_x、HC、PM 和 CO_2 等。

引导问题2 汽车排放污染物有哪些危害?

CO 是一种无色无味有毒的气体,极易与人体血液中用来输送氧的血红素结合,其亲和力是氧的 200~300 倍。当吸入过多的 CO 后便阻碍血液吸收和输送氧,从而引起头痛、头晕等煤气中毒症状,严重时甚至导致死亡。

NO_x 是 NO、NO_2 等氮氧化物的总称,它刺激眼黏膜,引起结膜炎和角膜炎,严重时还会引起肺炎和肺气肿。

HC 对眼睛及呼吸系统均有刺激作用,对农作物也有害。HC 和 NO_x 在一定的地理、温度、气象条件下,经强烈的阳光照射时,会发生光化学反应,生成以臭氧(O_3)、醛类为主的过氧化物形成的烟雾,称为光化学烟雾。臭氧具有独特的臭味和很强的毒性,醛类对眼睛及呼吸道有刺激作用,妨碍生物的正常生长。

微粒(PM)直径较小,容易粘在人体鼻子的黏膜上,或通过呼吸进入肺部,引起呼吸系统疾病。

CO_2 虽然对人体不直接引起危害,但它将加速全球温室效应,破坏臭氧层。

引导问题 3　现代汽车使用哪些手段减少污染物排放量?

发动机排放污染物的净化方法可以分为两大类:机内净化和机外净化。机内净化是通过优化工作过程,改善可燃混合气的品质和燃烧状况,彻底减少有害气体,使排气中的有害气体减至最少。但是,通过机内净化的方式,无法消除所有的有害排放物,为达到严格的排放标准,必须采取机外净化的方式,即安装附加装置对废气净化后再排入大气,又称尾气后处理。现代汽车主要采用在排气管中安装催化转换器,当排放污染物进入排气管,流经催化器后,在催化剂的作用下将 CO、HC 和 NO_x 转换为对人体无害的气体。常见的催化转换器为三元催化转换器,它以排气中的 CO 和 HC 作为还原剂,把 NO 还原为 N_2 和 O_2,同时 CO 和 HC 被氧化为 CO_2 和 H_2O。

引导问题 4　为什么要定期检查汽车排放性能?

1　汽车排放污染物会导致环境恶化

2017 年《中国机动车环境管理年报》显示,部分城市机动车排放已成为大气细颗粒物(PM2.5)的首要来源。北京、上海、杭州、广州和深圳的机动车排放为首要来源,占比分别达到 31.1%、29.2%、28.0%、21.7% 和 41.0%。南京、武汉、长沙和宁波的机动车排放为第二大污染源,分别占 24.6%、27.0%、24.8% 和 22.0%。

2016 年,全国机动车四项污染物排放总量初步核算为 4472.5 万 t,比 2015 年削减 1.3%。其中,一氧化碳(CO)3419.3 万 t,碳氢化合物(HC)422.0 万 t,氮氧化物(NO_x)577.8 万 t,颗粒物(PM)53.4 万 t。汽车是污染物排放总量的主要贡献者,其排放的一氧化碳(CO)和碳氢化合物(HC)超过 80%,氮氧化物(NO_x)和颗粒物(PM)超过 90%。

因此加大对机动车排放控制力度,有助于缓解污染的严重程度。

2　汽车排放性能可反映发动机的工作性能

发动机是汽车的动力来源,是将化石能源转化成机械能的设备。当下,发动机的控制技术越来越成熟,利用发动机 ECU 能精确地控制喷油量,得到尽可能高的效率。然而,当发动机发生机械故障、传感器信号传递故障等均有可能导致发动机喷油量失准、排放超标。反之,通过检测汽车排放性能,也能反映出发动机的工作状况是否良好。

引导问题5 如何检查汽油发动机汽车污染物排放?

1 作业前准备

(1)开始工作之前,检查车辆驻车制动操纵杆是否拉起、变速杆是否处于 P 挡、车轮挡块是否安装正确、车辆是否停放稳固。

(2)检查常用工具、防护套件、工单等是否准备齐全。

(3)安装驾驶室防护五件套。

(4)插入点火钥匙,旋至 ON 挡(对于装备一键起动装置的车辆则轻按起动开关)。

2 确保排气管无泄漏

(1)确保安全的情况下举升车辆至高位并锁止。

(2)戴手套并从车辆后部开始检查。依次检查二级排气管、后部消声器、中段消声器、一级排气管是否有腐蚀、磕碰、变形、刮伤和损坏。

(3)检查排气管接头处是否有漏水情况。

(4)检查三元催化器是否有腐蚀、磕碰、变形、刮伤和损坏。

3 尾气排放污染物成分检测

(1)连接 BEA 060 设备电源线至外部供电电源,按一下设备面板上的电源开关键,启动设备 BEA 060 硬件,如图 12-1 所示。

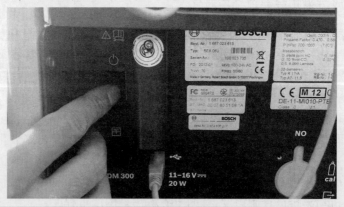

图 12-1 接通电源

(2)观察设备电源指示灯状态为:橙色和绿色之间 1s 交替闪烁(若电源指示灯不点亮,则说明 BEA 060 供电有问题。如果指示灯闪烁状态异常,则为设备硬件故障)。

(3)点击计算机桌面上的 Bosch-Emision-Analysis 图标,启动排放分析仪测试软件。

（4）在测试程序的启动初始界面，点击功能键F5[诊断测试]，测试程序进入诊断测试界面，如图12-2所示。

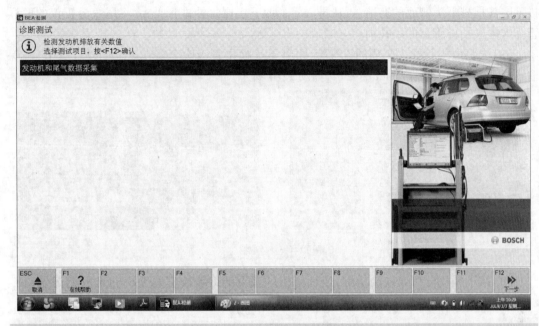

图12-2　进入诊断测试界面

（5）在诊断测试界面，点击F12[下一步]（此时测试程序默认为：发动机和尾气数据采集测试项），测试程序进入"零点校准"及"HC残留测试"阶段，如图12-3所示。

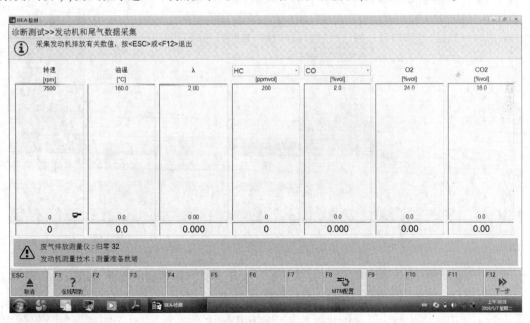

图12-3　进行零点校准和HC残留测试

(6)待设备完成自检测过程,计算机屏幕上会出现测试参数数值(如:氧气值的显示)。

(7)车辆暖机1min(指从起动发动机暖机到按下尾气分析仪的测量键之间的时间)后,拔下尾气抽排吸头侧面的塞堵,再从排气管上取下上尾气抽排管吸头,将尾气分析仪的取样管插入尾气抽排管上的小孔内。

(8)先将取样管插入车辆的排气管,再将尾气抽排管吸头套接在车辆的排气管上,确保取样管插入深度大于400mm的要求,如图12-4所示。

 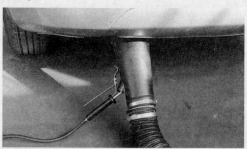

图12-4　安装取样管

(9)按下尾气分析仪的测量键,当计算机屏幕上的CO_2数值大于6%后,开始记录CO、CH、CO_2、O_2、λ数值,如图12-5所示。

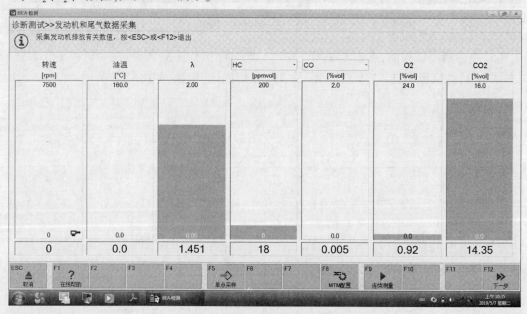

图12-5　测试尾气

(10)点击软件ESC(退出键)及F4(确认键),关闭计算机排放测试程序,如图12-6所示。

(11)将尾气分析仪的取样管回收至指定位置放置。

(12)待BEA 060的抽气泵停止工作后,按住电源开关键3s,即可关闭尾气分析仪的电源,此时电源指示灯熄灭。

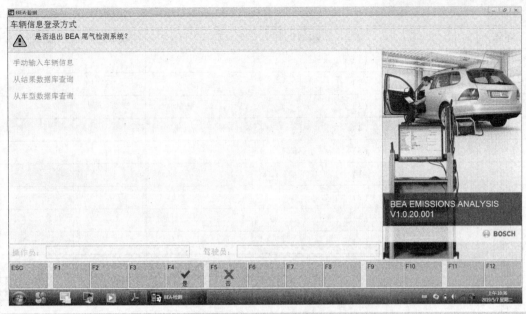

图 12-6　关闭排放测试程序

二、实践操作

检测汽车尾气排放污染物各成分含量,分析检测结果。

要求:

(1)根据"学习资料"和查阅资料完成"汽车尾气排放检测工作任务书"(表 12-1)的制定。

汽车尾气排放检测工作任务书　　　　　　　　　　表 12-1

作业名称		作业时间		作业人	
作业条件					
工具		量具		设备	材料
工序及过程记录					
序号	作业项目			操作记录	数据记录
1	准备工作	(1)			
2	^	(2)			
3	^	(3)			
4	^	(4)			

续上表

序号	作业项目		操作记录	数据记录
5	检查排气管	(1)		
6		(2)		
7		(3)		
8		(4)		
9		(5)		
10	尾气检测	(1)		
11		(2)		
12		(3)		
13		(4)		
14		(5)		
15		(6)		
16		(7)		
17		(8)		
18		(9)		
19		(10)		
20		(11)		
21		(12)		
22		(13)		
23		(14)		
24	5S	(1)		
25		(2)		

小结:找出在操作过程中出现的问题,分析原因,提出解决措施

(2)两人合作按照工艺完成实践操作,将作业过程和检查的数据进行记录,其中"操作记录"一栏对于完成的工序打"√","数据记录"一栏填写检查的数据或关键的数据,例如CO值等。

三、评价反馈

根据实际操作情况评价,填写表12-2。

汽车尾气排放检测作业考核表　　　　　　　　　　　　表 12-2

日期		操作时间		考评人		
工作过程评价						
对车辆进行汽车尾气排放检测,操作时间为15min,完成工作过程记录,考核结束后,进行情景会话						
序号	考核项目	评分指标	配分	评分标准		得分
1	作业前准备	工作任务书编制	10	未准备扣5分		
2	排气管检查	(1)举升机使用正确,停放高度合理; (2)检查过程中戴手套,检查内容和方法正确	10	顶起位置不正确扣5分,检查方法不正确等每次扣3分,扣完为止		
	尾气成分检查	(1)检查前发动机暖机,并将仪器校零; (2)取样管插入深度达到标准; (3)会正确操作仪器; (4)检测方法符合法规规范	20	每次错误扣5分,扣完为止		
3	步骤	步骤完整,没有遗漏,无逻辑错误	15	每次错误扣5分,扣完为止		
4	5S	(1)工作场地始终保持干净; (2)工具始终干净,摆放整齐; (3)所有物品恢复原状	5	每次错误扣2分,扣完为止		
5	安全文明生产	(1)遵守安全操作规程,正确使用工具; (2)无任何人身伤害和设备的损坏	10	不文明或野蛮操作,每次扣5分,扣完为止,情节严重者停止操作,违规操作发生重大事故,此项记0分		
6	情景问答	提出2个与本学习任务有关的问题	10	每题5分,酌情扣分		
7	任务书填写	(1)内容正确、完整; (2)字迹工整、清晰	10	每次错误扣1分,扣完为止		
8	时间	(1)操作时间为15min; (2)小结时间不计算操作时间	—	每超时1min扣2分		
9	小结	(1)总结全面,能分析错误原因; (2)不弄虚作假,抄袭,自行完成	10	(1)发现抄袭、弄虚作假,本项记0分; (2)结合实际内容酌情扣分		
		总计	100			
评语						

四、学习拓展

1 选择题

(1) 汽油车排放中三种主要有害成分是（　　）。
　　A. HC、NO 和硫化物　　　　　B. CO_2、CO 和 HC
　　C. CO、HC 和 NO_x　　　　　D. CO、HC 和碳微粒含量

(2) 汽油机冒蓝烟的主要原因是（　　）。
　　A. 混合气浓度太浓　　　　　B. 混合气浓度太稀
　　C. 某缸不点火　　　　　　　D. 烧机油太严重

(3) 经济混合气的过量空气系数在（　　）之间
　　A. 0.85~0.95　　　　　　　B. 0.95~1.05
　　C. 1.05~1.15　　　　　　　D. 1.15~1.25

2 判断题

(1) 发动机废气再循环系统主要是靠增大燃烧室的燃气压力来控制 NO_x 的生成。　　　　　　　　　　　　　　　　　　　　　　　　　　（　　）

(2) NO_x 和 HC 在阳光下发生化学反应而生成的刺激性产物是化学烟雾。（　　）

3 简答题

汽油发动机废气排放中 CO 超标最可能的原因是什么？

项目四

整车维护

本项目主要对整车进行完整的二级维护作业,分别以雪佛兰科鲁兹和丰田卡罗拉为例,其中雪佛兰科鲁兹二级维护采用单人操作,卡罗拉二级维护采用双人操作。

学习任务十三

雪佛兰科鲁兹轿车二级维护

学习目标

完成本任务学习后,你应该掌握1个知识点和1个技能点:
1. 科鲁兹轿车整车二级维护的作业流程;
2. 会单独完成科鲁兹轿车整车二级维护。

 学习任务

一位科鲁兹轿车车主,车辆行驶近20000km,到售后服务站进行维护。

请你结合前述学习内容和本人学习资料,单独完成该车的维护作业任务。

一、资 料 收 集

引导问题1 如何提高维护作业效率?

汽车维护作业不同于维修,具有鲜明的特点,主要有:作业项目繁多,工作部位分散,多个工位作业等。所以目前大部分企业都采用汽车维护定位作业法(在全能工位上进行维护作业的方法),为有效地进行维护作业,需统筹安排作业流程,主要遵循以下几点原则:

(1) 缩短车辆周围的工作路径。

① 将尽可能多的工作集中在同一地点,并一次做完。

② 车辆周围的运动路线应该始于驾驶人的座位,终于技术员围绕车辆工作一次的结束地点。

③ 工具,仪器和更换部件应该提前准备好并置于易于拿取的地方。

(2)改善工作时的姿势,站式的姿势是操作的基础,要努力尽可能地减少蹲式或弯腰。

(3)限制空闲时间,把事情组合起来做,比如油的排放和发动机加热。

(4)减少举升次数,通过提高工作时的位置和集中工作来把工作项目分类,这样能在相同位置做的所有的工作就可以在相同的时间内做,例如:在举升机未举升的时候可进行车门锁、安全带、灯光、制动液液面高度检查等项目。

在维护作业时,常用的举升工位有5种不同高度(图13-1),分别是举升机未举升工位、举升至低位、举升至中位(轮胎中心齐胸)、举升至高位(维修工可在车下站立)、举升至最低位(举升机举升在最低位置,轮胎接触地面),其中举升机可在不同高度停留多次。

a)未举升　　　b)低位　　　c)中位　　　d)高位　　　e)最低位

图13-1　常用举升工位示意图

引导问题2　科鲁兹轿车定期维护的作业内容和周期是怎样的?

查阅科鲁兹轿车的维护手册,其维护作业内容和周期如下。

1 正常使用条件下的维护计划

正常驾驶条件指在典型日常驾驶条件下驾驶,可按一般维护计划维护车辆,见表13-1。表13-1中"○"代表"检查这些项目及其相关零件。如有必要,纠正、清洁、补充、调节或更换","●"代表需要更换。维护周期按照时间和里程按照先到者为准的原则确定。对于使用 Turbo 发动机的车辆,建议用户在每次更换机油时,向油箱中添加一瓶燃油添加剂。在此间隔内可视发动机工作状况相应添加,但无须频繁添加。

科鲁兹轿车正常使用条件下的维护计划　　　　表13-1

维护操作	按月数	6	12	18	24
	km(×1000)	10	20	30	40
与排放相关的项目					
传动皮带		每10年/150000km更换			
检查发动机机油油位		每3000km/1个月检查			
发动机机油和机油滤清器		每5000km/6个月更换			
燃油滤清器		○	●	○	●
燃油管路和连接		○	○	○	○
发动机空气滤清器滤芯		○	○	○	●

续上表

维护操作	按月数	6	12	18	24
	km（×1000）	10	20	30	40
与排放相关的项目					
火花塞		每60000km更换			
点火正时		○	○	○	○
气门间隙		每10年/150000km检查一次，必要时更换			
蒸发排放炭罐和蒸汽管路					○
PCV系统			○		○
一般项目					
冷却系统软管和连接		○	○	○	○
发动机冷却液①		○	○	○	○
正时皮带及皮带张紧轮		每10年/150000km更换			
空气滤清器滤芯（空调）		●			●
清洗冷却风扇		每5000km清洗一次②			
排气管和安装支架		○	○	○	○
制动器/离合器油液				●	
前制动衬片和制动盘		○	○	○	○
后制动衬片和制动盘		○	○	○	○
驻车制动器		○	○	○	○
制动管路和连接（包括助力器）		○	○	○	○
后轮毂轴承和间隙		○	○	○	○
手动变速器油液		○	○	○	○
底盘和车身下部螺栓和螺母固定/紧固		○	○	○	○
自动变速器油液③		每160000km更换			
轮胎情况和充气压力		日常检查			
车轮定位④		发现异常时检查			
转向盘和链杆		○	○	○	○
驱动轴助力器		○	○	○	○
安全带、搭扣和扣环		○	○	○	○
润滑车门锁、铰链和发动机罩锁闩		○	○	○	○

注：①每24万km或5年更换。
②请送至上海通用汽车有限公司雪佛兰特约售后服务中心进行清洗。
③不需要定期检查油液。如果发生变速器故障或漏油时，则需要检查变速器液。
④如有必要，换位和平衡车轮。

2 恶劣使用条件下的维护计划

如果车辆在以下任何条件下使用,有些项目需要更经常维护,具体见表13-2。

(1)经常短距离行驶。

(2)在多尘、沙地或粗糙不平的道路上行驶。

(3)频繁怠速。

(4)经常在交通拥堵的条件下或较热的天气下行驶。

(5)在山地或丘陵行驶。

(6)用作巡逻车、出租车或运货车。

(7)频繁在0℃以下行驶。

(8)经常在走走停停的交通条件下使用。

恶劣条件下的维护计划　　　　　　　　　　　　　　　　表13-2

项　目	间　隔	驾驶条件
发动机空气滤清器滤芯	每5000km检查。如有必要,清洁或更换	(2)
空气滤清器滤芯(空调)	需要更频繁地维护。如有必要,更换	(2)
制动器/离合器油液	每年更换	(5),(6)
制动器衬片、制动盘、衬垫	需要更频繁地维护。如有必要,更换	(1),(5),(6),(8)
自动变速器油液	每8万km更换	(4),(5),(6)

3 定期维护检查

本部分列出了至少应每年执行两次(比如,每年春季和秋季)的检查和维护项目。应请上海通用汽车有限公司雪佛兰特约售后服务中心完成这些工作。务必及时完成任何必要的修理。

(1)转向系统、悬架和传动轴护罩和密封件的检查。

检查前后悬架和转向系统有无损坏、松动或缺失的零部件,以及有无磨损或润滑不足的迹象。检查动力转向系统管路和软管是否连接正确、有无卡滞、泄漏、裂纹和擦伤等。

清洁并随后检查传动轴护罩密封件有无损坏、破损或泄漏。必要时更换密封件。

(2)排气系统检查。

检查整个排气系统。检查靠近排气系统的车身部位。查看是否有断裂、损坏、缺失或错位的零部件以及开裂的接缝、开孔、松动的接头或其他可能导致地板盘散热不畅或可能导致排气系统烟尘进入车内的情况。

(3)燃油系统检查。

检查整个燃油系统有无损坏或泄漏。

(4)发动机冷却系统检查。

检查各个软管,若发现开裂、鼓包或老化现象应予以更换。检查所有管道、接头和卡箍;

必要时予以更换。清洁散热器和空调冷凝器的外部。为确保正常工作,建议至少每年一次对冷却系统和压力盖进行压力测试。

(5)节气门系统检查。

检查节气门系统有无刮碰或卡滞现象,以及有无损坏或缺失的零部件。必要时更换零部件。更换任何操作费力或过度磨损的零部件。切勿润滑加速踏板。

(6)制动系统检查。

检查整个系统。检查制动管和制动软管是否连接正确、有无卡滞、泄漏、裂纹和擦伤等。检查盘式制动器制动块有无磨损,以及制动盘的表面状况。检查其他制动部件,包括制动钳、驻车制动器等。如果因驾驶习惯或行车条件而导致频繁制动,则可能需要加大制动器检查频率。

4 推荐的油液及润滑油(表13-3)

科鲁兹轿车推荐使用的油液及润滑油　　　　表13-3

用　途	液体/润滑剂
发动机机油	符合dexos™规格的专用发动机机油。可通过dexos™认证标志识别符合此规格的机油。寻找并使用显示有dexos™认证标志且黏度等级正确的发动机机油。或者符合通用汽车GM6094M标准并经美国石油学会(API)的认证,黏度等级为SAE 5W-30的发动机机油
燃油清洁添加剂	GM 零件号:88861011
发动机冷却液	DEX-COOL
液压制动系统	DOT-4
风窗玻璃清洗剂	上海通用汽车风窗玻璃清洗剂
自动变速器油液	DEXTRON VI®
手动变速器油液	EDS-M 8049
	BOT402(适用于带有Turbo发动机的车辆)
钥匙锁芯油	多用途润滑剂 Superlube®牌
发动机罩及车门铰链	多用途润滑剂 Superlube®牌
后折叠式座椅、加油口活门铰链和举升门铰链	多用途润滑剂 Superlube®牌

二、实　施　作　业

请你单独完成科鲁兹轿车的二级维护作业。

要求:

(1)请你结合科鲁兹轿车维护计划表,将客户车辆需要进行的维护作业内容进行分类分解,确定其所对应的举升位,填写表13-4。

(2)请按照表 13-4 科鲁兹二级维护举升位作业分解表中各作业项目的不同举升高度，按照在同一举升位尽可能地进行多个作业项目、尽可能减少走动距离的原则，优化作业项目顺序，填写表 13-4 中的"作业顺序号"。

(3)按照优化完成的作业表，独立完成科鲁兹轿车的二级维护作业，并将作业情况记录在表 13-4"作业记录"中，对已完成的操作打"√"。

科鲁兹二级维护作业分解表　　　　　　　　　　　　表 13-4

VIN 码			使用时间	月	行驶里程			km
作业顺序号		作业项目		未举升	最低位	低位	中位	高位	作业记录
A	B								
1		维护作业前准备	安装车轮挡块	√					
	3		记录车辆信息和燃油量	√					
	1		安装座椅套、转向盘套和地板垫	√					
	2		拉紧驻车制动操纵杆,并将换挡杆置于 P 位置	√					
2			安装翼子板布和前格栅布	√					
3		发动机冷却系统检查	检查发动机冷却液液位及冰点	√					
			检查发动机冷却系统是否泄漏	√					
		冷却系统软管和连接	检查发动机冷却系统水管安装状况	√					
		制动器/离合器油液	检查制动液液位	√					
			检查制动液含水率	√					
			更换制动液	√		√			
	……								

三、评价反馈

根据实际操作情况评价,填写表13-5。

雪佛兰科鲁兹轿车维护作业考核表　　　　表13-5

日期		操作时间		考评人		
工作过程评价							
对车辆进行整车维护作业,操作时间为60min,完成工作过程记录,考核结束后,进行情景会话							
序号	考核项目	评分指标	配分	评分标准	得分
1	作业前准备	工作任务书编制	10	未准备扣5分	
2	领取材料	(1)材料选择正确; (2)用量准确	5	每次错误扣1分	
3	举升机使用	(1)举升机支点安装正确; (2)举升高度合理	1	安装位置不正确扣5分,高度不合理扣3分	
	各工位检查项目	(1)检查方法正确; (2)检查结果正确	15	每次错误扣2分,扣完为止	
	各工位测量	(1)测量工具会使用; (2)测量方法正确	16	每次错误扣2分,扣完为止	
	油液的加注	(1)加注方法正确,无洒漏; (2)加注量准确	3	每次错误扣2分,扣完为止	
4	各工位操作项目的步骤	步骤完整,没有遗漏,无逻辑错误	15	每次错误扣5分,扣完为止	
5	5S	(1)工作场地始终保持干净; (2)工具始终干净,摆放整齐; (3)所有物品恢复原状	5	每次错误扣2分,扣完为止	
6	安全文明生产	(1)遵守安全操作规程,正确使用工具; (2)无任何人身伤害和设备的损坏	10	不文明或野蛮操作,每次扣5分,扣完为止,情节严重者停止操作,违规操作发生重大事故,此项记0分	
7	情景问答	提出与本学习任务有关的问题2个	10	每题5分,酌情扣分	
8	任务书填写	(1)内容正确、完整; (2)字迹工整、清晰	10	每次错误扣1分,扣完为止	
9	时间	(1)操作时间为60min; (2)小结时间不计算操作时间	—	每超时1min扣2分	
	总计		100		
评语					

四、学习拓展

1 选择题

(1) 使用以下(　　)工具时必须脱掉手套。
　　A. 梅花扳手　　　B. 扭力扳手　　　C. 研磨机　　　D. 千斤顶
(2) 下列(　　)属于恶劣使用条件下使用汽车。
　　A. 经常短距离行驶　　　　　　　B. 在山地或丘陵行驶
　　C. 频繁在零度以下行驶　　　　　D. 交通拥堵的条件下或较热的天气下行驶

2 判断题

(1) 油量指示灯灯亮起时表示燃油已耗尽,车辆不能行使了。　　　　　　(　　)
(2) 补充发动机机油时要防止杂物进入注入口,油面高度可以超过F线。　(　　)

3 简答题

(1) 如何提高单人维护作业效率?
(2) 对照《汽车维护、检测、诊断技术规范》(GB/T 18344—2016),分析科鲁兹二级维护作业内容与国标有哪些差异?

学习任务十四

丰田卡罗拉轿车整车维护

学习目标

完成本任务学习后,你应该掌握2个知识点:
1. 卡罗拉轿车整车维护的要求;
2. 卡罗拉轿车整车维护的方法。

学习任务

一位卡罗拉轿车车主,车辆行驶40000km,到售后服务站进行维护。接待人员详细介绍该车需要维护的内容和方案,并给车主进行签字确认,随后进行整车维护。

一、资料收集

引导问题1 卡罗拉轿车定期维护的作业内容和周期是怎样的?

查阅卡罗拉轿车的维护手册,其维护作业内容和周期见表14-1。

卡罗卡轿车正常使用条件下的维护计划　　　　　　　　　　表14-1

	维护间隔	里程表读数(×1000km)								月数
	(里程表读数或月数,以先达到者为准)	1	10	20	30	40	50	60	70	80	
	项目:发动机基本部件									
1	发动机机油		R	R	R	R	R	R	R	R	12
2	发动机机油滤清器		R	R	R	R	R	R	R	R	12
3	冷却和加热系统					I				I	24
4	发动机冷却液					I				I	—

续上表

		项目：发动机基本部件							
5	动力控制单元冷却液			I			I	—
6	排气管和装配件		I	I	I	I	I	12
		项目：点火系统							
7	火花塞	每行驶10000km（km）更换一次						—
8	12V（伏）蓄电池	I	I	I	I	I	I	I	12
		项目：燃油和排放控制系统							
9	燃油滤清器							R	96
10	空气滤清器滤芯			I	R	I	R	I:24 R:48
11	加油口盖、燃油管路、接头和燃油蒸气控制阀				I			I	24
12	炭罐							I	24
		项目：底盘和车身							
13	制动踏板和驻车制动器		I	I	I	I	I	I	6
14	制动衬块和制动盘		I	I	I	I	I	I	6
15	制动液	I	I	I	R	I	I	R	I:6 R:24
16	制动管和软管			I	I	I		I	12
17	转向盘、转向传动机构和转向机壳			I	I	I		I	12
18	驱动轴套				I			I	24
19	悬架球头和防尘罩			I	I	I		I	12
20	变速器油（包括前差速器）				I			I	24
21	前悬架和后悬架			I	I	I		I	12
22	轮胎和轮胎气压		I	I	I	I	I	I	6
23	车灯、喇叭、刮水器和清洗器		I	I	I	I	I	I	6
24	空调滤清器		R	R	R	R			—
25	空调制冷剂量				I			I	12

引导问题2　为什么越来越多的汽车维修企业选择"双人工位法"进行汽车维护？

在汽车维修的实际操作过程中，传统的操作法是一人一个工位，在维护过程中，也按照保修手册规定的项目进行检查。因为没有标准的流程和有效的监督机制，往往有些检查的项目流于形式，尤其是在车辆多的情况下，更容易发生这种现象。目前更多的品牌开始崇尚快速，用时越来越短，客户感到满意。"双人工位法"应运而生，首先按照保修手册的规定制定出标准操作流程，流程的制定完全按照两人操作来制定，所有项目分为A、B两部分，每个人按照不同的分工进行操作,从开始操作到完成操作,只用一次举升即可完成整个流程的操作,目的是提高单台举升器的利用率,减少车辆在场等候和停留时间。

二、实 施 作 业

应用"双人法"对丰田卡罗拉轿车进行40000km维护。

要求:

(1)请你结合卡罗拉轿车维护计划表,将客户的车辆需要进行的维护作业内容进行分类分解,确定其所对应的举升位,填写表14-2。

(2)请按照表14-2卡罗拉二级维护举升位作业分解表中各作业项目的不同举升高度,按照在同一举升位尽可能地进行多个作业项目、尽可能减少走动距离的原则,双人配合时无一人长时间闲着,优化作业项目顺序,分别按照搭档作业顺序填写表14-2中的"作业顺序号"。

(3)按照优化完成的作业表,双人配合完成卡罗拉轿车的二级维护作业,并将作业情况记录在表14-2"作业记录"中,对已完成的操作打"√"。

卡罗拉轿车二级维护作业分解表　　　　　　　　　表14-2

VIN 码			使用时间		月	行驶里程		km
作业顺序号		作业项目	未举升	最低位	低位	中位	高位	作业记录
A	B							
1		维护作业前准备	安装车轮挡块	√				
	3		记录车辆信息和燃油量	√				
	1		安装座椅套、转向盘套和地板垫	√				
	2		拉紧驻车制动操纵杆,并将换挡杆置于P位置	√				
2			安装翼子板布和前格栅布	√				
3		发动机冷却系统检查	检查发动机冷却液液位及冰点	√				
			检查发动机冷却系统是否泄漏	√				
……								

三、评 价 反 馈

根据实际操作情况评价,填写表14-3。

丰田卡罗拉轿车维护作业考核表　　　　　　　表14-3

日期		操作时间		考评人		
工作过程评价							
对车辆进行整车维护作业,操作时间为45min,完成工作过程记录,考核结束后,进行情景会话							
序号	考核项目	评分指标	配分	评分标准	得分
1	作业前准备	工作任务书编制	10	未准备扣5分	
2	领取材料	(1)材料选择正确; (2)用量准确	5	每次错误扣1分	
3	举升机使用	(1)举升支点安装正确; (2)举升高度合理	5	安装位置不正确扣5分,高度不合理扣3分	
	各工位检查项目	(1)检查方法正确; (2)检查结果正确	6	每次错误扣2分,扣完为止	
	各工位测量	(1)测量工具会使用; (2)测量方法正确	8	每次错误扣2分,扣完为止	
	油液的加注	(1)加注方法正确,无洒漏; (2)加注量准确	6	每次错误扣2分,扣完为止	
4	各工位操作项目的步骤	步骤完整,没有遗漏,无逻辑错误	15	每次错误扣5分,扣完为止	
5	5S	(1)工作场地始终保持干净; (2)工具始终干净,摆放整齐; (3)所有物品恢复原状	5	每次错误扣2分,扣完为止	
6	安全文明生产	(1)遵守安全操作规程,正确使用工具; (2)无任何人身伤害和设备的损坏	10	不文明或野蛮操作,每次扣5分,扣完为止,情节严重者停止操作,违规操作发生重大事故,此项记0分	
7	情景问答	提出与本学习任务有关的问题2个	10	每题5分,酌情扣分	
8	任务书填写	(1)内容正确、完整; (2)字迹工整、清晰	10	每次错误扣1分,扣完为止	
9	时间	(1)操作时间为45min; (2)小结时间不计算操作时间	—	每超时1min扣2分	
10	小结	(1)总结全面,能分析错误原因; (2)不弄虚作假,抄袭,自行完成	10	(1)发现抄袭,弄虚作假,本项记0分; (2)结合实际内容酌情扣分	
		总计	100		
评语							

四、学习拓展

1 选择题

(1)汽车二级维护由( )负责执行车辆维护作业。
　　A.维修企业　　　B.车辆管理所　　　C.驾驶人　　　D.交通运输管理部门
(2)若汽车维修车间电气设备有异常,应立即( )。
　　A.撤离人员　　　B.关闭控制开关　　C.报警　　　　D.准备灭火器材

2 判断题

(1)操作人员的基本素质是汽车特约维修企业正常运行的基本保障。　　　　　(　)
(2)汽车维护作业时,要不断地清洁场地内的所有物品。　　　　　　　　　　(　)

3 简答题

(1)简述单人作业和双人作业的区别及各自的优势。
(2)简述提高维护作业效率、优化维护双人作业流程。

项目五

汽车维护竣工检验

根据《汽车维护、检测、诊断技术》（GB/T 18344—2016）规定，车辆二级维护后需要进行竣工检验。本项目主要介绍二级维护竣工检验的内容和需要填写的表格。

学习任务十五

二级维护竣工检验

学习目标

完成本任务学习后,你应该掌握2个知识点:
1. 二级维护竣工检验标准;
2. 二级维护竣工检验方法。

学习任务

案例: 一辆科鲁兹轿车在维修厂做了二级维护之后,刚将车开出厂区,无意中发现仪表机油压力报警灯点亮,随即熄火返回维修厂询问维修工,经检查发现是维修工粗心大意未添加新机油导致的,经协调维修厂作出了免费作一次维护的赔偿才得到车主的谅解。

请你分析该案例,维修厂可能忽略了哪些环节才导致了该事故?

一、资料收集

1 汽车二级维护后为什么需要进行竣工检验?

汽车在维修企业进行二级维护后,为了确保汽车的各项目参数符合国家或行业及地方标准,需要对维护后的车辆进行检验,对于检验不合格的车辆应进行进一步的检验、诊断和维护,直到达到维护竣工技术要求为止,竣工检验合格的车辆填写维护竣工出厂合格证后方可出厂。

2 二级维护竣工检验的标准是怎样的?

二级维护竣工技术要求见表15-1。

二级维护竣工技术要求   表15-1

序号	检验部位	检验项目	技术要求	检验方法
1	整车	清洁	全车外部、车厢内部及各总成外部清洁	检视
2		紧固	各总成外部螺栓、螺母紧固,锁销齐全有效	检查
3		润滑	全车各个润滑部位的润滑装置齐全,润滑良好	检视
4		密封	全车密封良好,无漏油、无漏液和无漏气现象	检视
5		故障诊断	装有车载诊断系统(OBD)的车辆,无故障信息	检测
6		附属设施	后视镜、灭火器、客车安全锤、安全带、刮水器等齐全完好、功能正常	检视
7	发动机及其附件	发动机工作状况	在正常工作温度状态下,发动机起动三次,成功起动次数不少于两次,柴油机三次停机均应有效,发动机低、中、高速运转稳定、无异响	路试或检视
8		发动机装备	齐全有效	检视
9		行车制动性能	符合 GB 7258 规定,道路运输车辆符合 GB 18565 规定	路试或检测
10		驻车制动性能	符合 GB 7258 规定	路试或检测
11	转向系统	转向机构	转向机构各部件连接可靠,锁止、限位功能正常,转向时无运动干涉,转向轻便、灵活,转向无卡滞现象	检视
12			转向节臂、转向器摇臂及横直拉杆无变形、裂纹和拼焊现象,球销无裂纹、不松旷,转向器无裂损、无漏油现象	
13		转向盘最大自由转动量	最高设计车速不小于 100 km/h 的车辆,其转向盘的最大自由转动量不大于15°,其他车辆不大于25°	检测
14	行驶系统	轮胎	同轴轮胎应为相同的规格和花纹,公路客车(客运班车)、旅游客车、校车和危险品运输车的所有车轮及其他机动车的转向轮不得装用翻新的轮胎,轮胎花纹深度及气压符合规定,轮胎的胎冠、胎壁不得有长度超过 25 mm 或深度足以暴露出帘布层的破裂和割伤以及凸起、异物刺入等影响使用的缺陷	检查、检测
15		转向轮横向侧滑量	符合 GB 7258 规定,道路运输车辆符合 GB 18565 规定	检测
16		悬架	空气弹簧无泄漏、外观无损伤。钢板弹簧无断片、缺片、移位和变形,各部件连接可靠,U 形栓螺母拧紧力矩符合规定	检查
17		减振器	减振器稳固有效,无漏油现象,橡胶垫无松动、变形及分层	检查
18		车桥	无变形、表面无裂痕,密封良好	检视
19	传动系统	离合器	离合器接合平稳,分离彻底,操作轻便、无异响、打滑、抖动和沉重等现象	路试
20		变速器、传动轴、主减速器	变速器操纵轻便,挡位准确,无异响、打滑及乱挡等异常现象,传动轴、主减速器工作无异响	路试
21	牵引连接装置	牵引连接装置和锁止机构	汽车与挂车牵引连接装置连接可靠,锁止、释放机构工作可靠	检查

续上表

序号	检验部位	检验项目	技术要求	检验方法
22	照明、信号指示装置和仪表	前照灯	完好有效,工作正常,性能符合 GB 7258 规定	检视、检测
23		信号指示装置	转向灯、制动灯、示廓灯、危险报警灯、雾灯、喇叭、标志灯及反射器等信号指示装置完好有效	检视
24		仪表	各类仪表工作正常	检视
25	排放	排气污染物	汽油车采用双怠速法,应符合 GB 18285 规定。柴油车采用自由加速法,应符合 GB 3847 规定	检测

二、实 施 作 业

按照上述标准,对维护后的车辆进行竣工检验,并填写竣工检验记录单表 15-2。

要求：

(1) 能规范地逐项进行检验。

(2) 能准确填写检验记录单。

二级维护竣工检验记录单　　　　　　　　　表 15-2

托修方				车牌号			车型		
外观状况		项目	评价	项目		评价	项目		评价
		清洁		发动机装备			离合器		
		紧固		转向机构			变速器、传动轴、主减速器		
		润滑		轮胎			牵引连接装置和锁止机构		
		密封		悬架			前照灯		
		附属设施		减振器			信号指示装置		
		发动机工作状况		车桥			仪表		
故障诊断	车载诊断系统(OBD)故障信息			□无　□有　故障信息描述：_____					评价
性能检测	制动性能	转向盘最大自由转动量(°)		评价	转向轮横向侧滑量(m/km)		第一转向轴		评价
							第二转向轴		评价
		台架	车轴		一轴	二轴	三轴	四轴	五轴	六轴
			轴制动率(%)	结果						
				评价						
			制动不平衡率(%)	结果						
				评价						
		整车参数	项目		整车制动率(%)			驻车制动率(%)		
			结果							
			评价							
		路试	参数		制动距离(m)		MFDD(m/s^2)		制动稳定性	
			初速度(km/h)							
				结果						
				评价						

续上表

		参数	灯高(mm)	远光光强(cd)		远光偏移(mm/10m)				远光偏移(mm/10m)			
				结果	评价	垂直	评价	水平	评价	垂直	评价	水平	评价
性能检测	前照灯性能	左外											
		左内											
		右外											
		右内											
	排气污染物	汽油车	急速	CO(%):		HC(×10⁻⁶):				评价:			
			高急速	CO(%):		HC(×10⁻⁶):				评价:			
		柴油车	自由加速	光吸收系数(m⁻¹):① ② ③				平均(m⁻¹):		评价:			
				烟度值(BSU):① ② ③				平均(BSU):		评价:			

检验结论：

检验员签字：
年　月　日

注：1. 检验数据在"结果"栏填写。合格在"评价"栏划"○"，不合格在"评价"栏划"×"，无此项目填"—"。
　　2. 制动性能检验选择"台架"或"路试"。路试制动性能采用"制动距离"或"充分发出的平均减速度MFDD"评价。

三、评价反馈

根据实际操作情况评价，填写表15-3。

二级维护竣工检验作业考核表　　　　　表15-3

日期		操作时间		考评人		
工作过程评价						
对完成二级维护的车辆进行竣工检验作业，操作时间为30min，完成工作过程记录，考核结束后，进行情景会话						
序号	考核项目	评分指标		配分	评分标准	得分
1	外观检查	(1)检查方法正确； (2)所有部位检查到位； (3)记录正确		10	每次错误扣5分，扣完为止	
2	故障诊断	(1)线束连接正确； (2)仪器使用正确		10	每次错误扣5分，扣完为止	
3	性能检测	(1)能口述性能检测的方法； (2)会使用仪器进行前照灯和排气污染物的检测		30	安装位置不正确扣5分，高度不合理扣3分	
4	各工位操作项目的步骤	步骤完整，没有遗漏，无逻辑错误		15	每次错误扣5分，扣完为止	

续上表

序号	考核项目	评分指标	配分	评分标准	得分
5	5S	(1)工作场地始终保持干净； (2)工具始终干净，摆放整齐； (3)所有物品恢复原状	5	每次错误扣2分，扣完为止	
6	安全文明生产	(1)遵守安全操作规程，正确使用工具； (2)无任何人身伤害和设备的损坏	10	不文明或野蛮操作，每次扣5分，扣完为止，情节严重者停止操作，违规操作发生重大事故，此项记0分	
7	情景问答	提出2个与本学习任务有关的问题	10	每题5分，酌情扣分	
8	任务书填写	(1)内容正确、完整； (2)字迹工整、清晰	10	每次错误扣1分，扣完为止	
9	时间	(1)操作时间为30min； (2)小结时间不计算操作时间		每超时1min扣2分	
	总计		100		
评语					

四、学习拓展

1 选择题

(1)下列选项中，( )不属于汽车二级维护竣工检验项目。
　　A.发动机功率　　　　　　B.发电机、空调机皮带
　　C.起动机　　　　　　　　D.灯光、仪表、信号装置

(2)下列( )为汽车底盘二级维护竣工检验项目。
　　A.离合器检查　　　　　　B.转向系统检查
　　C.制动系统检查　　　　　D.燃油供给系统检查

2 判断题

(1)严禁为检验不合格的车辆开具竣工出厂合格证。　　　　　　　　　　　　( )
(2)汽车维护竣工检验必须由专职检验人员负责执行。　　　　　　　　　　　( )
(3)汽车二级维护作业完成后还要由生产企业进行竣工检验。　　　　　　　( )

3 简答题

简述汽车维护竣工检验的重要性。

参考文献

[1] 冯汉喜,向志伟.汽车维护[M].北京:人民交通出版社,2012.
[2] 高洪一.汽车维护与保养[M].武汉:华中科技大学出版社,2011.
[3] 王盛良.汽车使用、维护与保养技术[M].北京:机械工业出版社,2013.
[4] 徐石安.汽车构造——底盘工程[M].北京:清华大学出版社,2011.
[5] 戴汝泉.汽车运行材料[M].北京:机械工业出版社,2011.
[6] 储江伟.汽车维修工程[M].北京:人民交通出版社,2008.